Sumário

Previsões Astrológicas por Signo em 2025 2
Descubra o seu Ascendente 62
Guia Astral para 2025 65
Horóscopo Chinês 2025 102
Tendências Astrológicas para o Brasil em 2025 111
Júpiter, Regente de 2025 117
Entrada do Sol nos Signos para 2025 126
Tábua Solar para 2025 127
Tábua do Nascimento e Ocaso do Sol (hora legal de Brasília) 128
Tudo o Que Você Precisa Saber sobre a Lua em 2025 129
As Lunações e os Trânsitos Planetários para 2025 132
Tábua Lunar em 2025 146
Tabela das Luas Fora de Curso 150
Regências Planetárias 157
Tábua Planetária 2025 159
Horário da Semana de acordo com a Regência Planetária 164
Horas Planetárias 165
Previsões Sobre Amor, Trabalho e Saúde para os Signos em 2025 ... 170
Previsões para 2025 segundo a Numerologia 180
Fenômenos Naturais 2025 182
Calendário Permanente (1901 – 2092) 184

Previsões Astrológicas por Signo em 2025

Até a edição de 2015, optamos por usar o cálculo das lunações, que é feito no dia da Lua Nova, quando o Sol e a Lua se encontram no mesmo grau de um mesmo signo. A lunação permite uma visão mais geral do mês, que é justamente um ciclo mensal inteiro da relação entre o Sol e a Lua. A partir de 2016, optamos por fazer as previsões mensais divididas em ciclos de dez em dez dias, o que também permite uma orientação mais detalhada.

Em trinta dias há toda uma movimentação planetária, em especial dos planetas mais rápidos, que será levada em conta para facilitar a compreensão do leitor. Em resumo, as duas técnicas de interpretação, trânsitos e lunações, estão sendo analisadas em paralelo, mas a forma de apresentação ficará diferente. Vale salientar que essas previsões são de caráter genérico e que informações de âmbito individual exigem a elaboração de um horóscopo personalizado.

Esse fato faz com que as interpretações aqui expostas e as do *Guia Astral* por vezes pareçam contraditórias entre si; no entanto, elas são complementares.

ÁRIES — **21 de março – 20 de abril**

EU QUERO
PLANETA REGENTE: Marte
ELEMENTO: Fogo
QUALIDADE: Cardinal
PEDRAS DE PROTEÇÃO: Cornalina e ágata de fogo

De 1º a 10 de janeiro: Este é um ciclo bem interessante para você planejar suas metas profissionais e também fazer uma retrospectiva daquilo que já alcançou. A Lua cresce no signo de Peixes, fazendo conjunção a Vênus e favorecendo um bom clima para romances!

De 11 a 20 de janeiro: Mercúrio e Vênus em ângulo positivo serão mais do que estimulantes em sua vida social; aproveite para desfrutar de eventos artísticos ou culturais. Urano e Sol tornam esse momento benéfico para investimentos de curto prazo; não ignore suas intuições.

De 21 a 31 de janeiro: A promessa desta fase é grande movimentação na vida social, seja para fazer novos amigos ou rever aqueles que você não encontra há tempos. Fique mais atento aos excessos com a compra de supérfluos e também com a ingestão de comida processada, que é menos saudável.

De 1º a 10 de fevereiro: Um trígono entre Mercúrio, Aquário e Júpiter em Gêmeos traz oportunidades interessantes para fazer negócios rápidos, comprar ou vender. Marte em Câncer favorece o encontro com familiares queridos, que lhe darão o merecido valor.

De 11 a 20 de fevereiro: Imprevistos com aparelhos eletrônicos talvez o obriguem a alterar compromissos previamente assumidos. A Lua Cheia no signo de Leão pode trazer novidades, como romances ou paixões momentâneas, que darão um colorido especial a sua rotina.

De 21 a 28 de fevereiro: Nestes dias, é importante ter cautela com as palavras, e também com compromissos que não poderá atender. Tenha ainda em mente que gastos desnecessários poderão atrapalhar seu orçamento neste final de mês; sendo assim, controle-se ao abrir a carteira.

De 1º a 10 de março: O Sol está em trígono com Marte em Câncer. Agora ficará mais fácil organizar sua rotina doméstica. Você também estará mais atento aos familiares, recebendo deles o devido reconhecimento por isso. Marte, sendo seu regente solar, lhe confere mais vitalidade e disposição neste período.

De 11 a 20 de março: Mercúrio, Sol e Vênus ocupam o signo de Áries, sinalizando mais energia mental e física para seu dia a dia. Não lhe faltará criatividade para desempenhar suas tarefas, com chances de fazer boas parcerias cujo segredo do êxito será sua determinação.

De 21 a 31 de março: O planeta Plutão está em Aquário, na casa dos amigos e dos planos para o futuro. Você poderá ter encontros muito significativos e inspiradores com aqueles que estão em sintonia com seus desejos. A perseverança será sua grande aliada.

De 1º a 10 de abril: Nestes dias, o planeta Urano vai dinamizar Vênus e Marte no céu, e isso significa mais intuição e presença de espírito para abraçar mudanças em sua vida. Bom para viagens rápidas que estimulem seu espírito, já que você aprecia novidades.

De 11 a 20 de abril: Este período vai demandar mais atenção e cuidado para não se envolver em situações de risco desnecessárias. Evite também discussões acaloradas e ríspidas que caracterizam as competições verbais; lembre-se de que você não precisa provar nada a ninguém.

De 21 a 30 de abril: Este ciclo exige a mesma cautela do ciclo anterior; agir por impulso não trará bons resultados. Ao optar pela diplomacia e tolerância, você vai conseguir atingir seus objetivos do momento com melhores chances de sucesso.

De 1º a 10 de maio: Agora temos um sextil entre Mercúrio e Júpiter que ocupa a casa de movimentos e aprendizado, tornando o momento interessante para fazer viagens rápidas a lugares desconhecidos. Propício para o contato com vizinhos e primos.

De 11 a 20 de maio: Urano em Touro em sextil com Saturno sinaliza a capacidade de assumir compromissos de longo prazo tendo em vista objetivos profissionais. Nesse contexto, o aconselhamento com pessoas mais experientes será bem proveitoso.

De 21 a 31 de maio: Marte, o planeta regente de seu signo solar, recebe nestes dias um trígono com Vênus. Você pode e deve exercitar seu poder de sedução caso queira conquistar alguém. Nada de ficar esperando a iniciativa alheia que ainda não aconteceu.

De 1º a 10 de junho: A Lua Crescente em Leão é benéfica para dar continuidade aos seus projetos. Urano em conjunção com Mercúrio em Gêmeos torna este ciclo excelente para estudar e refinar seus argumentos, e para obter conhecimentos de pessoas que você admira.

De 11 a 20 de junho: Nesta fase, procure estar mais atento aos seus aparelhos eletrônicos como *tablet*, celular etc.; se precisar, faça *backup* dos documentos importantes. Em relação à saúde, evite a alimentação pesada ou à base de carboidratos.

De 21 a 30 de junho: Período ótimo para tratar de assuntos familiares, bens imóveis ou heranças. É sempre benéfico ter informações ou orientações corretas para não perder tempo com suposições equivocadas, que distorcerão as demandas do momento.

De 1º a 10 de julho: Nesta fase, o planeta Vênus está entrando no signo de Gêmeos e fazendo um forte aspecto com Urano, Netuno e Plutão. Você poderá ter disponibilidade para os relacionamentos em geral, atuando com mais empatia, tolerância e diplomacia. Ciclo excelente para o lazer que envolva atividades artísticas; aproveite!

De 11 a 20 de julho: Nestes dias, temos a Lua Cheia em Capricórnio, que ativará seu setor profissional com intensidade. Você terá a oportunidade de se expor, assumir mais compromissos, atuar com mais determinação e objetividade. Se for o caso, faça parcerias que possam trazer dividendos.

De 21 a 31 de julho: O ângulo positivo entre Saturno e Sol tende a fazê-lo exercitar sua perseverança e disciplina, para que não desista de seus projetos. Mesmo que haja desafios para finalizá-los, não desanime, pois no final são eles que fortalecerão seu espírito.

De 1º a 10 de agosto: Mercúrio, mesmo em movimento retrógrado, está ao lado do Sol em Leão, estimulando sua capacidade de se expressar de forma mais dinâmica e criativa. Aproveite para estudar, ler ou pesquisar assuntos de seu interesse, refinando assim seus conhecimentos.

De 11 a 20 de agosto: Nestes dias ocorre uma bela conjunção de Júpiter e Vênus em Câncer, o que significa um período de mais cumplicidade, união e harmonia entre seus familiares. As adversidades do passado vão se resolver aos poucos, não se preocupe.

De 21 a 31 de agosto: Vênus agora está no signo de Leão, fazendo aspectos positivos com Saturno e Netuno, que estão juntos no signo de Áries, seu signo solar. Ótimo para investir na vida amorosa, encantar o parceiro ou parceira, ou investir em alguma conquista que já tenha em vista.

De 1º a 10 de setembro: Nesta fase, Marte faz um ângulo difícil com Júpiter, havendo certa tendência para discussões nas quais ficarão evidentes valores pessoais éticos divergentes dos seus provenientes de alguém próximo. Procure não levar tudo para o lado pessoal, evitando assim rupturas desnecessárias.

De 11 a 20 de setembro: Agora Júpiter está recebendo aspectos positivos de Sol e Mercúrio, que estão em Virgem, sinalizando boa vontade em relações familiares relevantes para você. As trocas intelectuais com amigos serão igualmente inspiradoras.

De 21 a 30 de setembro: Vênus em quadratura com Urano pode ser um indício de contratempos no trabalho que o deixarão ansioso em busca de uma resolução. No entanto, as circunstâncias independem de sua vontade; o melhor a fazer é não querer controlar as emoções e dar tempo ao tempo.

De 1º a 10 de outubro: Bom momento para realizar uma avaliação mais profunda de quanto você realmente gosta de seu trabalho. O que poderia fazer para melhorar seu desempenho? Essa é a pergunta certa para o momento atual, e as consequências dessa intenção podem ser surpreendentes.

De 11 a 20 de outubro: Pendências de assuntos do passado podem vir à tona nesta fase, gerando irritabilidade e decepções na vida amorosa. Trata-se de uma oportunidade para amadurecer e enfrentar a situação, mantendo sua dignidade e, sobretudo, deixando o passado para trás.

De 21 a 31 de outubro: Mercúrio está recebendo bons aspectos de Júpiter e Plutão nestes dias. Momento auspicioso e prazeroso ao descobrir talentos e recursos internos à sua disposição para iniciar as mudanças que vem desejando; vá em frente.

De 1º a 10 de novembro: Bom ciclo para investir em sua imagem e divulgar mais o seu trabalho, ou seja: aceite convites para conhecer lugares e pessoas diferentes. Será importante manter o freio de mão puxado no que diz respeito aos gastos; concentre-se no essencial.

De 11 a 20 de novembro: Marte e Mercúrio em Sagitário dinamizam agora seu interesse por culturas diferentes. Se possível, faça viagens longas para ampliar os horizontes culturais, inclusive no tocante à área espiritual. Urano em sextil com Netuno corrobora essa tendência positiva para cultivar o autoconhecimento.

De 21 a 30 de novembro: Sol em sextil com Plutão e em trígono com Netuno também vem confirmar a perspectiva de elevar seu espírito em direção a assuntos filosóficos e existenciais. Agora você já pode agir com mais sabedoria, inspirado por experiências do passado.

De 1º a 10 de dezembro: Mercúrio, Júpiter e Saturno em signos de Água fazem um belo triângulo no céu planetário nestes dias. Momento em que você poderá perceber o poder de suas palavras, daquilo que expressa com convicção e, sobretudo, da sua fé. Suas ações generosas acabarão por atrair prosperidade em sua vida.

De 11 a 20 de dezembro: O final do ano se aproxima e é importante estar atento a sua saúde; não procrastine consultas ou exames que ficaram para trás. Caso ache necessário, diminua o ritmo de trabalho e foque em seu bem-estar, fazendo mais exercícios e cuidando melhor da alimentação.

De 21 a 31 dezembro: Neste ciclo, você poderá estar mais sensível psiquicamente, com predisposição a desilusões ou frustrações. Procure manter o discernimento, e evite discussões e generalizações simplistas. Saiba preservar-se de notícias ruins e não se envolva em situações confusas.

TOURO **21 de abril – 20 de maio**

EU TENHO
PLANETA REGENTE: Vênus
ELEMENTO: Terra
QUALIDADE: Fixo
PEDRAS DE PROTEÇÃO: Turmalina verde e aventurina

De 1º a 10 de janeiro: O Sol em Capricórnio faz sextil com Saturno em Peixes, propiciando encontros prazerosos com pessoas amigas que você conheceu no passado e com as quais poderá trocar boas lembranças. Fique atento aos excessos alimentares e evite qualquer tipo de automedicação.

De 11 a 20 de janeiro: Marte, na terceira casa, faz trígono com Saturno, indicando um período excelente para realizar ou planejar alguma viagem há tempos desejada, seja com amigos ou familiares. O Sol em trígono com Urano promove criatividade e originalidade em seu ambiente de trabalho.

De 21 a 31 de janeiro: O Sol faz conjunção com Plutão em Aquário e sinaliza a motivação para promover mudanças positivas relacionadas a sua carreira. Todo conhecimento agora é relevante. Não desista dos sonhos que a princípio pareçam impossíveis; o futuro baterá a sua porta!

De 1º a 10 de fevereiro: No céu planetário vemos um *stellium* em Peixes que movimenta a casa dos amigos e dos planos para o futuro. Não adie decisões; siga firme em suas intenções, para assim direcionar melhor as escolhas. Mantenha-se receptivo às sincronicidades.

De 11 a 20 de fevereiro: Aspectos de Urano em tensão com Mercúrio e o Sol podem causar imprevistos que dificultarão sua rotina e os compromissos marcados. Tente controlar as emoções; não deixe a irritação pautar suas decisões. Respire fundo e siga em frente.

De 21 a 28 de fevereiro: Momento favorável para fazer viagens rápidas e reencontrar pessoas ou lugares que moram em seu coração. Nada como desfrutar da presença de boas companhias, fazer caminhadas, ver menos TV e fazer boas leituras tendo em vista sua saúde psíquica e emocional.

De 1º a 10 de março: É hora de tirar a palavra "impossível" de seu dia a dia. Mude seus hábitos e esteja receptivo às novidades que estão por vir. O Sol em trígono com Marte deve facilitar sua percepção para o direcionamento a ser seguido; não despreze seus sonhos e intuições.

De 11 a 20 de março: Saturno e Sol em conjunção trazem um ciclo de mais eficiência e produtividade em seu desempenho. Os resultados que almeja podem chegar no médio e longo prazos, prometendo alegria e a sensação de dever cumprido. Não tenha pressa; caminhe com confiança.

De 21 a 31 de março: Nesta fase, seus anseios amorosos estão em pauta e é a hora certa para expressar isso em atenção, palavras e gestos. Saturno em sextil com Urano evidencia a chance de você fazer alterações positivas que logo mais serão admiradas em seu ambiente de trabalho.

De 1º a 10 de abril: O planeta Urano está regendo o setor profissional com alguns aspectos positivos nestes dias, o que vem confirmar esse movimento de mudanças acertadas no trabalho. Júpiter e Sol indicam êxito em assuntos de jurisprudência; saiba lutar pelos seus direitos.

De 11 a 20 de abril: Seu carisma e bom desempenho profissional podem despertar ressentimentos ou inveja em pessoas próximas. Fique atento ao modo de se comunicar, pois poderá ser mal interpretado com mais facilidade; pequenos cuidados farão a diferença, acredite.

De 21 a 30 de abril: Com a oposição de Marte e Plutão, o ciclo de adversidades ainda permanece. É hora de recuar momentaneamente em alguma iniciativa recente. Essa estratégia, aliada à sua inteligência emocional, vai harmonizar a situação atual.

De 1º a 10 de maio: A fase Crescente da Lua e o sextil entre Júpiter e Mercúrio devem expandir seus recursos financeiros em geral. Bom ciclo para aperfeiçoar seus conhecimentos, pesquisar, fazer bons negócios e divulgá-los nas redes sociais.

De 11 a 20 de maio: Sol e Urano em Touro estão propiciando mais vitalidade e disposição para seu dia a dia. Você se verá com mais curiosidade e menos resistência para mudar seus hábitos e se fortalecer com exercícios físicos. Tudo em nome da saúde e do bem-estar.

De 21 a 31 de maio: Vênus em Áries em trígono com Marte em Leão se constitui um ótimo momento para um clima de conquistas e romance. Tome a iniciativa que deseja sem medo de ser feliz. Mercúrio e Urano mostram oportunidades de ampliar os conhecimentos na área de tecnologia.

De 1º a 10 de junho: Um ciclo auspicioso para continuar estudando é indicado no céu por Mercúrio e Sol em Gêmeos. Sua capacidade de se comunicar está em alta e não deve ser desperdiçada. Fique próximo de pessoas inteligentes e bem-informadas.

De 11 a 20 de junho: Netuno e Mercúrio encontram-se em ângulo de tensão e pedem que você tome mais cuidado com a alimentação. O ritmo acelerado da vida pode deixá-lo mais ansioso e preocupado; não abra mão do seu tempo de lazer.

De 21 a 30 de junho: Sol e Júpiter estão juntos em Câncer, mostrando um tempo de mais abundância e prosperidade no ambiente familiar. Seu altruísmo ou otimismo tendem a criar um clima de mais confiança para que tudo o que deseja frutifique e cresça ao seu redor.

De 1º a 10 de julho: Vênus faz conjunção com Urano em Touro e, em seguida, já no signo de Gêmeos, faz bons aspectos com Netuno e Plutão, que ocupam Áries e Aquário, respectivamente. A sinergia positiva dos elementos Fogo e Ar sinaliza um momento rico para a busca do prazer estético, dos encontros amorosos e de mais dinamismo na vida cultural e social. Aproveite.

De 11 a 20 de julho: Mercúrio em sextil com Vênus dá continuidade ao contexto favorável do ciclo anterior. Excelente para aprender e interagir em redes sociais, divulgar seus talentos e poder se expressar com mais eloquência. A Lua Cheia em Capricórnio facilita o contato com pessoas de outros países.

De 21 a 31 de julho: O Sol em oposição a Plutão pode indicar divergência de interesses, conflitos ou um impasse entre a vida familiar e a profissional. Não tome decisões precipitadas e modere sua intransigência. O aconselhamento com pessoas de mais idade poderá ser útil nessa conciliação.

De 1º a 10 de agosto: O Sol em Leão em conjunção com Mercúrio, que agora retorna ao movimento direto, torna esse período interessante para adquirir conhecimentos, participar de palestras e seminários, e compartilhar informações relevantes para seu autoconhecimento.

De 11 a 20 de agosto: O planeta Vênus está ao lado de Júpiter no signo de Câncer, trazendo a sensação de proteção e aconchego à vida doméstica. Você estará mais receptivo às manifestações de carinho, e isso o fará mais generoso e feliz com todos.

De 21 a 31 de agosto: Vênus agora faz bons aspectos com Urano e Netuno, ampliando seu poder de autoconfiança e carisma pessoal, o que pode lhe abrir portas na vida profissional. Não se importe muito com aqueles que se ressentem com isso e siga em frente.

De 1º a 10 de setembro: Marte e Júpiter encontram-se em ângulo de tensão, mostrando a necessidade de evitar discussões unilaterais ou ríspidas no ambiente de trabalho. A ansiedade e a pressa podem causar rupturas. Procure se pautar pela paciência e diplomacia.

De 11 a 20 de setembro: Neste momento, o entendimento e a cooperação já são possíveis, com opiniões mais convergentes e otimistas. Mercúrio em Libra em trígono com Plutão em Aquário favorece a comunicação direta e até cirúrgica, que permita mudanças rápidas em estruturas ultrapassadas.

De 21 a 30 de setembro: A oposição entre Sol e Netuno pode trazer instabilidades a sua saúde, além de baixa imunidade e somatizações. Evite a automedicação e não deixe de fazer os exames de rotina. Dê mais atenção a seu bem-estar; o corpo vai agradecer!

De 1º a 10 de outubro: Neste ciclo, Mercúrio faz dois ângulos de tensão com Plutão e Júpiter no céu. Todo cuidado é pouco com as palavras; evite a intolerância e o dogmatismo. Dê mais espaço para dúvidas, deixando os julgamentos de lado; assim, tudo vai fluir melhor.

De 11 a 20 de outubro: Os cuidados com a saúde devem ser redobrados em função de aspectos entre Vênus em Virgem e Saturno em Peixes. Será interessante buscar a ajuda de pessoas qualificadas, evitando cair em hipóteses de autodiagnósticos equivocados.

De 21 a 31 de outubro: Mercúrio entrando em Sagitário no final do mês indica um momento favorável para uma viagem ao estrangeiro, na qual você possa expandir seu repertório cultural. Pode haver uma dificuldade momentânea na comunicação com amigos, mas não se preocupe, pois é algo passageiro.

De 1º a 10 de novembro: O céu planetário nos mostra um belo trígono entre Júpiter e Saturno em signos de Água. Momento de mais maturidade e sabedoria para apreender conteúdos significativos das suas experiências em geral. O contato com antepassados pode ser bastante revelador.

De 11 a 20 de novembro: Netuno em trígono com Mercúrio constitui um ciclo favorável ao diálogo com sua vida inconsciente ou subjetiva. Ótimo período para estudar simbologia e mitologia, e ficar atento para entender o que os sonhos querem lhe dizer. O contato com mestres ou pessoas sábias será muito valioso neste momento.

De 21 a 30 de novembro: O Sol em sextil com Plutão, que ocupa sua décima casa, pode mostrar talentos ainda não conhecidos, evidenciando sua força e poder pessoal para que possa cumprir sua vocação ou destino. Vá em frente, honrando seus talentos de forma mais confiante.

De 1º a 10 de dezembro: Mercúrio e Júpiter em trígono tornam este ciclo auspicioso para viagens, oportunidades para fechar negócios rápidos, participar de seminários e ampliar sua visão de mundo. Você poderá ter êxito também em processos jurídicos que estavam pendentes.

De 11 a 20 de dezembro: Marte e Netuno em tensão podem representar decepções ou atrasos em seus planos; o melhor agora é não tomar decisões definitivas. Não deixe o medo paralisar sua vida, pois são as dificuldades que fortalecem sua musculatura psíquica.

De 21 a 31 de dezembro: Este ciclo indica vulnerabilidade emocional; evite acreditar em sua imaginação ou em fantasias negativas e confusas. Quando se atravessa uma estrada com neblina, o mais prudente é tomar cuidado, não ter pressa e saber que, em dado momento, tudo vai passar!

GÊMEOS

21 de maio – 20 de junho

EU QUESTIONO

PLANETA REGENTE: Mercúrio

ELEMENTO: Ar

QUALIDADE: Mutável

PEDRAS DE PROTEÇÃO: Ágata e sodalita

De 1º a 10 de janeiro: Este é um período auspicioso para descanso mental e físico. Tudo o que fizer em benefício de sua saúde será muito proveitoso. Ótimo para um *detox* de redes sociais, notícias ruins ou informações inúteis que nada acrescentam ao seu espírito.

De 11 a 20 de janeiro: Agora o Sol faz trígono com Urano e sextil com Netuno, e você está mais revitalizado, com mais energia para adentrar o ano que se inicia. Bom para viagens de longa distância e estar em contato com outras culturas, estimulando também sua vida social.

De 21 a 31 de janeiro: O Sol em conjunção com Plutão na Casa IX amplia seus interesses filosóficos, humanitários e espirituais. Mercúrio e Netuno também ratificam essa tendência, que inclui o mundo simbólico e o desejo de autoconhecimento, além de um sentido para sua vida.

De 1º a 10 de fevereiro: Neste período há um *stellium* significativo na sua Casa X, que deve trazer estímulos à vida profissional. Mercúrio em Aquário faz trígono com Júpiter em Gêmeos, sinalizando uma expansão intelectual e uma visão de mundo mais abrangente.

De 11 a 20 de fevereiro: Fique atento a possíveis imprevistos no cotidiano, que podem estar associados a falhas de aparelhos eletrônicos. Salve documentos importantes para evitar aborrecimentos. Também fique longe de discussões com pessoas que não entendem suas ideias.

De 21 a 28 de fevereiro: Mercúrio e Saturno em Peixes fazem trígono com Marte em Câncer, impulsionando ações relativas à sua vida financeira. Inteligência e perseverança acentuam sua capacidade de discernimento e lógica em suas realizações ou no trabalho.

De 1º a 10 de março: Júpiter e Sol fazem uma quadratura entre si em signos mutáveis nestes dias. Esse ângulo pode sinalizar posições muito radicais em seus pontos de vista, relativas à atividade profissional. Exercite mais a flexibilidade e a diplomacia, evitando assim rupturas.

De 11 a 20 de março: Neste momento, Mercúrio e Vênus encontram-se no signo de Áries, o que significa movimento em sua vida social. Bom para iniciativas que visem projetos futuros. Confie mais em sua ousadia e intuição e continue firme em seus desejos.

De 21 a 31 de março: Neste ciclo, o planeta Plutão está muito ativado por Vênus, Mercúrio e Sol em Áries. Certamente esses ângulos vão promover maior capacidade de transformar e redefinir suas propostas no trabalho, mostrando que esta é a hora certa de agir.

De 1º a 10 de abril: O planeta Urano recebe bons aspectos de Marte e Vênus, evidenciando a intensidade deste ciclo de renovação. Ótimo período para se libertar de crenças limitantes que impedem seu desenvolvimento e para estudar temas esotéricos e místicos que trarão um *upgrade* em seu processo evolutivo.

De 11 a 20 de abril: Seu magnetismo se expressa em êxito, o que pode incomodar aqueles que supostamente querem o seu bem; evite compartilhar muito de seu sucesso nas redes sociais. Não guarde mágoas advindas de conflitos na esfera familiar, pois tudo será passageiro.

De 21 a 30 de abril: Nestes dias, há tendência para conflitos e animosidades ainda permanece. Caberá a você não colocar mais lenha na fogueira, abstraindo dificuldades e tensões. Um certo distanciamento de tudo e de todos lhe fará muito bem; vale tentar.

De 1º a 10 de maio: Mercúrio em Áries faz sextil com Júpiter em Gêmeos, que ocupa sua primeira casa, sinalizando um bom ciclo para planejar a continuidade de seus interesses e conhecimentos. Divulgue mais seu trabalho nas redes sociais, pois essa interação será proveitosa.

De 11 a 20 de maio: O Sol faz conjunção com Urano e sextil com Saturno. Neste período, você terá o benefício de experiências do passado, que significam agora sabedoria e capacidade de assumir responsabilidades. Invista mais em áreas de tecnologia digital.

De 21 a 31 de maio: Mercúrio, seu regente natal, caminha com rapidez neste mês. Isso evidencia as características de seu signo solar: curiosidade, capacidade de adaptação, poder mental, versatilidade, necessidade de movimento e de novidades em geral.

De 1º a 10 de junho: A Lua em Virgem em fase Crescente passa pela sua quarta casa, onde está Marte, que faz sextil com Mercúrio. Bom período para tomar resoluções rápidas em assuntos domésticos ou familiares. Aproveite para organizar e faxinar sua moradia, doando aquilo que não tem mais serventia.

De 11 a 20 de junho: Netuno e Mercúrio fazem um ângulo difícil, podendo prejudicar sua vida financeira. Seja mais pragmático em relação aos gastos, discernindo o que realmente precisa. Não faça investimentos arriscados ou duvidosos nesta fase.

De 21 a 30 de junho: Agora você já tem mais lucidez para fazer seus negócios ou empreendimentos de forma acertada e segura. Aproveite para pedir um aumento ou uma promoção; Sol e Júpiter devem trazer o reconhecimento esperado.

De 1º a 10 de julho: Neste ciclo, Vênus faz aspectos positivos com Urano, Netuno e Plutão, este último em Aquário. Momento muito favorável para sua vida social e amorosa. Não recuse convites para sair e se divertir, ver *shows* musicais ou exposições interessantes.

De 11 a 20 de julho: No céu planetário há um sextil entre Netuno e Plutão, que devem impulsionar seus interesses espirituais, humanitários e filosóficos. Ótimo ciclo para estar em contato com pessoas diferenciadas. Dê mais atenção à sua saúde e alimentação.

De 21 a 31 de julho: Nestes dias pode haver divergências de pontos de vista no âmbito familiar, e essas contrariedades podem causar certo estresse. Porém, o Sol em Leão em trígono com Saturno em Áries, ambos os signos de Fogo, sinalizam maturidade e capacidade de superação em relação a esses conflitos. Siga adiante.

De 1º a 10 de agosto: Sol e Mercúrio fazem conjunção com Leão na terceira casa, tornando este momento favorável para viagens, estudos e contatos amistosos com vizinhos e irmãos. Evite gastos supérfluos feitos por impulso, pois a conta sempre chega.

De 11 a 20 de agosto: Vênus agora está ao lado de Júpiter em Câncer. É provável que surjam boas notícias na área familiar. Bom momento para receber pessoas em sua casa ou comemorar com familiares alguma novidade. Ótimo ciclo também para viagens rápidas a lugares ainda desconhecidos.

De 21 a 31 de agosto: Vênus em Leão faz oposição a Plutão em trígono com Netuno, o que pode trazer altos e baixos à vida sentimental, devido a conflitos por insegurança ou ciúmes. No entanto, há também a perspectiva de esclarecimentos imediatos que tranquilizem seu coração.

De 1º a 10 de setembro: Urano e Netuno fazem um aspecto harmonioso, favorecendo o contato com amigos com os quais você partilha os mesmos ideais. Temas místicos ou espirituais serão inspiradores para sua caminhada. Só não queira convencer os outros do que é relevante apenas para você.

De 11 a 20 de setembro: Sol e Mercúrio em Virgem fazem sextil com Júpiter, tornando este momento benéfico para investimentos em imóveis ou algum outro bem patrimonial. Você poderá também ter bons resultados em processos jurídicos. Mercúrio e Plutão favorecem as viagens e os bons negócios.

De 21 a 30 de setembro: Este ciclo poderá exigir de você mais atenção à saúde; é aconselhável fugir de excessos alimentares ou bebidas alcoólicas. Tenha mais cuidado ao dirigir e evite discussões ou mesmo situações ou lugares em que não se sinta seguro.

De 1º a 10 de outubro: Neste ciclo, é recomendável evitar situações estressantes que escapem ao seu controle. Vênus em bom aspecto com Júpiter deve ajudá-lo a contornar tudo isso com mais diplomacia e tolerância com todos.

De 11 a 20 de outubro: Neste período continua a ser exigido de você mais bom senso; seja menos intransigente nas relações amorosas. Também não traga situações do passado para o presente; veja o momento atual como uma fase de aprendizado, crescimento e maturidade emocional.

De 21 a 31 de outubro: Marte faz trígono com Júpiter e Saturno, todos em signos de Água. Excelente período para direcionar sua atenção ao seu bem-estar e saúde, consumindo bons alimentos e fazendo exercícios. Você agora está mais otimista e confiante em relação ao futuro.

De 1º a 10 de novembro: O bom aspecto entre Saturno e Júpiter está impulsionando a vida profissional e promovendo êxito em suas realizações. Tudo o que fizer terá o devido reconhecimento; não deixe passar oportunidades para avançar em seus projetos com mais autoconfiança.

De 11 a 20 de novembro: Neste ciclo, o Sol ratifica o aspecto favorável do ciclo anterior, ou seja, as bênçãos de que precisa para administrar sua vida de forma mais autocentrada e feliz. O apoio de pessoas maduras ou experientes lhe será de extrema valia.

De 21 a 30 de novembro: O Sol agora faz bons aspectos com Netuno e Plutão, sinalizando um final de mês em que você poderá ter uma visão de mundo mais clara e abrangente. Ótimo período para cuidar dos familiares e se reunir com bons amigos.

De 1º a 10 de dezembro: O planeta Mercúrio está em Escorpião e bastante ativado no céu planetário. Isso evidencia demandas positivas nas áreas de comunicação, aprendizado e interação social. Ciclo favorável para viagens de negócios e a divulgação de seu trabalho de modo mais eficiente.

De 11 a 20 de dezembro: Não se surpreenda com possíveis obstáculos que surgirem e atrasarem o ritmo daquilo que você havia planejado. Bom ciclo para rever prioridades, colocar os pés no chão, ou simplesmente descansar e recarregar as baterias para o final do ano.

De 21 a 31 de dezembro: O acúmulo de responsabilidades assumidas durante o ano pode deixá-lo mais cansado e até com a imunidade baixa. Aproveite para relaxar e se alimentar melhor; o corpo vai agradecer. Se puder estar próximo do mar, será ainda mais proveitoso!

CÂNCER

21 de junho – 21 de julho

EU SINTO

PLANETA REGENTE: Lua

ELEMENTO: Água

QUALIDADE: Cardinal

PEDRAS DE PROTEÇÃO: Pedra da lua e selenita

De 1º a 10 de janeiro: Este início de ano poderá ser marcado por um gratificante reencontro com pessoas do passado. Viagens de longa distância estão favorecidas, assim como a prazerosa assimilação de conhecimentos filosóficos, culturais, humanitários e mesmo espirituais.

De 11 a 20 de janeiro: Este ciclo traz aspectos relevantes com Saturno em Peixes, pois coloca em evidência sua capacidade de assumir compromissos significativos de natureza sentimental ou de longa data. Suas relações se enraízam e se solidificam, e isso é importante para sua natureza canceriana.

De 21 a 31 de janeiro: O Sol faz conjunção com Plutão em Aquário, tornando este momento especial para investir em autoconhecimento. Você se sentirá mais capaz de realizar seus objetivos ou superar limitações. Marte e Mercúrio fazem aspecto com Urano, ratificando essa energia de renovação e liberdade.

De 1º a 10 de fevereiro: Nestes dias há um *stellium* no signo de Peixes ocupando sua Casa IX. Certamente é um ciclo especial para investir em viagens ou aprendizados que alimentem suas demandas espirituais. Ótimo momento para cuidar com mais dedicação da mente e do corpo.

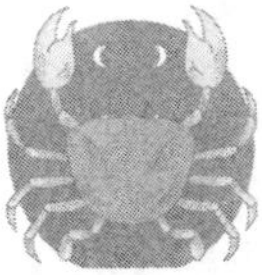

De 11 a 20 de fevereiro: Nestes dias, preste mais atenção aos aparelhos eletrônicos, que podem apresentar problemas. Imprevistos fazem parte do cotidiano, por isso providencie um *backup* de documentos importantes. Além disso, fuja de discussões inúteis com pessoas que pensam de maneira diferente da sua.

De 21 a 28 de fevereiro: A Lua está minguando em Sagitário, e Júpiter, que é o regente desse signo, recebe uma quadratura de Mercúrio, que está em Peixes. Isso se traduz desta maneira: continue atento aos temas de saúde e bem-estar, alimentando-se melhor, tomando mais sol e fazendo exercícios com mais regularidade.

De 1º a 10 de março: O trígono entre Sol e Marte no céu promove mais vitalidade, boa autoestima e capacidade de tomar decisões mais assertivas. Não tenha receio de expor suas vontades e opiniões, mesmo sabendo que não será bem compreendido. Vá em frente ainda assim.

De 11 a 20 de março: Mercúrio e Vênus estão agora em Áries, na décima casa. É a hora certa para divulgar mais seu trabalho, retomar o *networking*, participar de seminários e *lives*, ou seja, ampliar sua interação social. Tais iniciativas devem trazer resultados no médio prazo.

De 21 a 31 de março: Mesmo que Mercúrio e Vênus estejam em movimento retrógrado, as iniciativas empreendidas no ciclo anterior vão frutificar, talvez mais lentamente. Sol e Mercúrio em sextil com Plutão mostram recursos ainda desconhecidos, indicando mais poder pessoal para suas realizações.

De 1º a 10 de abril: O planeta Urano recebe aspectos positivos de Saturno, Marte e Vênus nestes dias, e isso dinamiza especialmente a área das amizades. Ótimo período para compartilhar interesses e valores; nada como a cumplicidade daqueles que gostam de você.

De 11 a 20 de abril: Vênus volta ao movimento direto e assim ativa o sextil em Urano, que torna este momento especial para a vida doméstica e familiar, favorecendo reformas e melhorias em geral. Como presente adicional, esta é também uma fase prazerosa junto aos amigos mais íntimos.

De 21 a 30 de abril: Neste ciclo, é necessário fugir de atitudes imprudentes relativas à vida financeira. O imediatismo poderá ser uma porta aberta para a falta de discernimento ou situações desafiadoras que prejudiquem suas finanças.

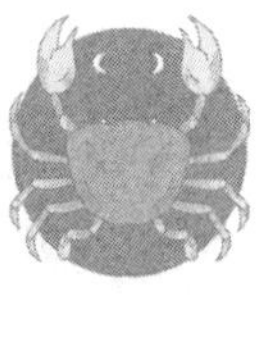

De 1º a 10 de maio: Júpiter em Gêmeos faz sextil com Mercúrio em Áries. Os diálogos mais criativos e a boa comunicação agora vão caminhando rumo a soluções razoáveis e positivas. Uma mente aberta e confiante é capaz de prospectar resultados promissores. Acredite mais em seu potencial.

De 11 a 20 de maio: Urano e Sol estão juntos no céu e fazem sextil com Urano, sinalizando mudanças mais do que necessárias e desejadas. Desta feita, não procrastine seus planos; arrisque-se com a certeza de que tudo terá retorno na hora certa. A perseverança é a assinatura dos fortes.

De 21 a 31 de maio: Mercúrio e Plutão fazem um ângulo positivo entre si, evidenciando um momento auspicioso para você entender melhor tudo de que precisa a respeito de si mesmo. Viagens, leituras, seminários, palestras – todas essas coisas serão muito relevantes nesse processo de autoconhecimento.

De 1º a 10 de junho: A Lua cresce em Virgem, e Mercúrio segue em ritmo acelerado, fazendo agora sextil com Marte em Leão. É um ciclo favorável para novas ideias, planos e iniciativas na área profissional; você exercerá uma liderança natural e criativa, impressionando os colegas.

De 11 a 20 de junho: Caso surjam decepções, não desanime, pois tudo faz parte do aprendizado da vida. Expectativas altas demais geram desilusões. Assim, trate de fincar os pés no chão e, sobretudo, pare de buscar culpados, sendo humilde e perseverante.

De 21 a 30 de junho: O universo tende a conspirar favoravelmente neste final de semestre com a conjunção de Júpiter e Sol em Câncer. Otimismo e boa autoestima sempre trazem ótimas energias, e você poderá também desfrutar de boas companhias, celebrando as conquistas feitas neste período.

De 1º a 10 de julho: O planeta Vênus sairá de Touro e adentrará Gêmeos nestes dias, fazendo bons aspectos com Urano, Netuno e Plutão. Suas conexões ganharão mais força e você, mais magnetismo, diplomacia e simpatia. Isso se traduzirá em uma grande movimentação na vida social, amorosa e espiritual.

De 11 a 20 de julho: Mercúrio e Vênus fazem um ângulo positivo em signos de Fogo e Ar, respectivamente. Essa configuração favorece os negócios, as viagens, as informações interessantes, a curiosidade e a diversificação de interesses. Sua capacidade de adaptação também está em alta; aproveite!

De 21 a 31 de julho: Sol e Urano estão bem posicionados no céu, favorecendo a criatividade e a intuição para solucionar imprevistos com rapidez. Faça mais uso da tecnologia para divulgar suas realizações. Evite a irritabilidade e discussões com a pessoa amada, sempre lembrando: ninguém é perfeito.

De 1º a 10 de agosto: Mercúrio está retrógrado neste período, e isso demanda alguns cuidados com tudo o que precise ser agendado, negociado e comunicado. Tente ser o mais objetivo possível com o que for empreender. Aproveite para rever estratégias e planos no curto prazo. A vida amorosa ainda promete tensões e situações complicadas.

De 11 a 20 de agosto: Vênus em Câncer ocupa a Casa I de sua carta, promovendo mais capacidade de atrair e cativar as pessoas, e se relacionar de forma gentil ou diplomática. Ao lado de Júpiter, a divindade do amor traz a promessa de dias mais pacíficos e prazerosos nos assuntos do coração.

De 21 a 31 de agosto: Nestes dias, Vênus ainda tem destaque no céu planetário de forma bem favorável. Você está mais confiante de seu valor pessoal, a autoestima está em alta, e a disponibilidade para sair e cultivar o prazer, também. Aproveite!

De 1º a 10 de setembro: Momento de mais ansiedade e pressa em fazer várias coisas ao mesmo tempo. Mercúrio e Urano em tensão representam dispersão e nervosismo; sendo assim, tente respirar melhor, relaxar e observar aquilo que de fato tem prioridade nestes dias.

De 11 a 20 de setembro: Sol e Júpiter em harmonia favorecem um bom planejamento para os projetos de trabalho. Novos recursos estão surgindo, e sua criatividade vai se organizando para trazer bons frutos no futuro. Cuide melhor da alimentação, evitando alimentos processados e excesso de carboidratos.

De 21 a 30 de setembro: O ângulo tenso entre Sol e Netuno pode sinalizar confusões e decepções no trabalho, fragilizando assim sua confiança pessoal. Você deve levar em conta que isso é passageiro e que não

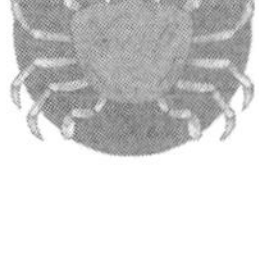

tem controle sobre certos eventos. Não se culpar nem se responsabilizar por tudo é uma boa pedida.

De 1º a 10 de outubro: As configurações planetárias deste ciclo demandam mais paciência e flexibilidade em relação a tudo o que o deixa contrariado. Está na hora de respeitar aqueles que pensam diferente de você, sem levar nada para o lado pessoal, mesmo que seja difícil.

De 11 a 20 de outubro: Vênus não está favorecendo sua vida amorosa nestes dias. Mas o trígono entre Urano e Plutão pode ter o efeito de transformar crenças limitantes e mágoas antigas em um poderoso antídoto para uma renovação psíquica. Aproveite o momento para se libertar delas.

De 21 a 31 de outubro: Há no céu um forte triângulo entre Marte, Júpiter e Saturno em signos de Água. Este é um período benéfico para treinar sua inteligência emocional, comunicar melhor seus sentimentos, evitar ressentimentos e visualizar o que deseja com a força do coração.

De 1º a 10 de novembro: Marte está entrando em Sagitário e fazendo um sextil com Plutão em Aquário. Neste período, você terá ousadia e assertividade para tocar adiante seus planos. Fique atento, pois poderá descobrir talentos ainda desconhecidos, e esse será um *upgrade* bem interessante para suas realizações.

De 11 a 20 de novembro: Nesta fase, você poderá assumir novas responsabilidades e com muita resiliência levá-las até o fim com êxito. O aconselhamento ou a experiência de pessoas de mais idade será bem vantajoso; saiba aproveitar o contato com quem tem mais sabedoria.

De 21 a 30 de novembro: Use a inteligência a seu favor, valorizando tudo o que já conquistou, sem se criticar por aquilo que ainda está em andamento. Bom momento para aprender e ampliar o repertório intelectual, e fazer viagens rápidas, inusitadas e divertidas.

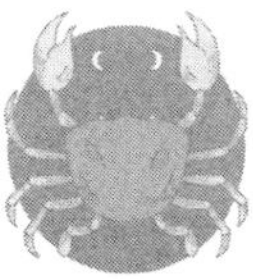

De 1º a 10 de dezembro: Mercúrio já retornou ao movimento direto, e assim será possível dar continuidade ao que ainda está engavetado. Sua determinação e foco serão relevantes para a execução do que pretende. Fé e otimismo não combinam com procrastinação.

De 11 a 20 de dezembro: Nesta fase é fundamental o cuidado com seu bem-estar em geral. Fuja de alimentos pesados ou processados, e de eventual medicação sem orientação profissional. Aproveite o calor para fazer uma dieta à base de chás, frutas e saladas mais leves.

De 21 a 31 de dezembro: O planeta Netuno ainda o está pressionado nestes dias. Você está mais sensível do ponto de vista psíquico e emocional. O melhor é se preservar de ambientes turbulentos, notícias ruins etc. Procure ficar próximo das pessoas que ama, celebrando as conquistas e a chegada do novo ano.

LEÃO — **22 de julho – 22 de agosto**

EU GOVERNO — PLANETA REGENTE: Sol

ELEMENTO: Fogo — QUALIDADE: Fixo

PEDRAS DE PROTEÇÃO: Olho de tigre e citrino

De 1º a 10 de janeiro: Sol em Capricórnio em sextil com Saturno em Peixes é um bom ciclo para planejar ou preparar o terreno para futuras realizações. Cuide mais da saúde, evitando os excessos alimentares e também a automedicação.

De 11 a 20 de janeiro: Momento excelente para reencontrar pessoas do passado e reviver memórias agradáveis que deram um norte para a sua vida, com boas decisões. Sol e Urano o deixarão mais animado para criar condições a experiências novas no contexto profissional.

De 21 a 31 de janeiro: Sol, Plutão e Júpiter fazem ângulos harmoniosos entre si, indicando uma fase de mais autoconfiança, otimismo e poder para eliminar o que já está superado em sua vida. Não tenha receio; muitas novidades o aguardam.

De 1º a 10 de fevereiro: Plutão em Aquário em ângulo positivo com Vênus em Áries mostra um ciclo benéfico para a tomada de decisões acertadas. Invista mais no repertório cultural e intelectual, compartilhando experiências e conhecimentos com todos.

De 11 a 20 de fevereiro: Urano em Touro faz um ângulo de tensão com Sol e Mercúrio, sinalizando a possibilidade de imprevistos ou desencontros que o deixarão contrariado. Tenha paciência para reprogramar a rotina, e, sobretudo, para não ser refém de sentimentos negativos.

De 21 a 28 de fevereiro: Continue firme em seus propósitos; não desanime por não conseguir apoio imediato para seus projetos. Mercúrio em Peixes em trígono com Marte em Câncer traz apoio emocional e maturidade para passar pelas adversidades com a cabeça erguida. Vá em frente!

De 1º a 10 de março: O Sol em trígono com Marte em signos de Água traz uma predisposição positiva para que você possa fazer um mergulho em si mesmo. Períodos de introspecção são relevantes para promover o autoconhecimento e a capacidade de fazer boas escolhas no dia a dia.

De 11 a 20 de março: O período continua interessante no mesmo contexto que o ciclo anterior. Você pode adquirir mais conhecimentos relativos a psicologia, mitologia, simbolismo e astrologia. O aconselhamento com pessoas de mais idade e experiência também será edificante para esses propósitos.

De 21 a 31 de março: Plutão em Aquário recebe bons aspectos nestes dias. Essa configuração planetária é estimulante pois o capacita a perceber talentos e recursos para colocar seus projetos em ação. Saturno em sextil com Urano também corrobora esse cenário, com energias de realização.

De 1º a 10 de abril: Nesta fase, é o planeta Urano que está em bom diálogo com Vênus e Marte, os dois, respectivamente, em Peixes e Câncer. Urano favorece um clima de renovação em suas metas de vida, e isso inclui o desapego ao que já está superado. Novas amizades podem surgir.

De 11 a 20 de abril: O excesso de desafios e atividades podem deixá-lo estressado; é hora de diminuir o ritmo acelerado do cotidiano. Procure relaxar, pois o corpo e a mente precisam de descanso para se recompor; não se esqueça disso.

De 21 a 30 de abril: Seu sucesso pode incomodar os colegas, e algum evento externo deixará isso evidente; fique atento aos sinais. O melhor é não se expor demais, falar menos, pois a ingenuidade nem sempre é adequada nessas situações; não duvide disso.

De 1º a 10 de maio: Vênus e Netuno em Áries ocupam a casa relacionada a espiritualidade e busca de valores éticos ou humanitários. Se for o caso, envolva-se com atividades que valorizem essas questões. O contato com o estrangeiro também está favorecido.

De 11 a 20 de maio: Com ou sem apoio externo, siga em frente com seus ideais, acreditando em sua criatividade e intuição para conseguir o que deseja. Ousadia e coragem com os pés no chão nunca fizeram mal a ninguém, e trabalho não é problema para os perseverantes.

De 21 a 31 de maio: Os planetas Vênus e Marte estão em equilíbrio no céu, propiciando bons momentos na vida amorosa. Estando em signos de Fogo, são um estímulo às conquistas, aos romances e às paixões momentâneas. Viagens rápidas estão em alta; aproveite!

De 1º a 10 de junho: A Lua está em fase Crescente, com Sol e Mercúrio transitando na casa dos amigos e planos para o futuro. É tempo de investir em novos aprendizados, trocar experiências e compartilhar ideias, divulgar seu trabalho nas redes sociais e fazer novas amizades.

De 11 a 20 de junho: Neste período, com a quadratura entre Mercúrio e Netuno, você está mais suscetível em termos emocionais e físicos. Pode e deve se resguardar mais, evitando companhias e ambientes mais carregados. Outra dica é fugir de fofocas e da maledicência em geral.

De 21 a 30 de junho: Júpiter e Sol estão lado a lado em Câncer, e, estimulados por Marte em Virgem, tornam este ciclo benéfico para o convívio com familiares. A proteção daqueles que o querem bem é um corrimão de apoio para sua segurança e autoconfiança.

De 1º a 10 de julho: Vênus está em Gêmeos fazendo trígono com Plutão em Aquário, que ativa a sétima casa. No elemento Ar, esses planetas vão expandir a facilidade de todo tipo de troca, sejam intelectuais, afetivas ou sociais. Aproveite para sair e desfrutar de eventos artísticos.

De 11 a 20 de julho: O período da Lua Cheia e o sextil entre Mercúrio e Vênus continuam movimentando a vida social, o encontro com amigos. Nada como a cumplicidade com aqueles que pensam de forma semelhante. Ótimo período para viagens rápidas.

De 21 a 31 de julho: O Sol, que é seu regente solar, está na casa da vitalidade, da identidade e da ação consciente no mundo. Com a oposição a Plutão, é importante não querer impor sua verdade pessoal de maneira intransigente ou autoritária.

De 1º a 10 de agosto: O Sol em conjunção exata a Mercúrio deve intensificar seu impulso de autoexpressão, seja falando, escrevendo ou interagindo com as pessoas. Com Mercúrio em movimento retrógrado, é interessante também rever e reavaliar projetos e contatos, além de organizar documentos.

De 11 a 20 de agosto: Vênus e Júpiter em Câncer indicam tendência a uma interiorização bastante proveitosa para o autoconhecimento. Aproveite bem seus momentos de solitude para fazer boas leituras, ouvir músicas agradáveis, estar com os familiares mais próximos.

De 21 a 31 de agosto: Mercúrio já está em movimento direto, e Vênus no signo de Leão recebe bons aspectos de Saturno, Urano e Netuno. Excelente período para iniciar uma dieta, fazer exercícios, cuidar mais do visual, sentir-se atraente e ficar receptivo a encontros amorosos.

De 1º a 10 de setembro: Mercúrio em Libra em quadratura com Júpiter em Câncer poderá ocasionar certa propensão a discussões e atitudes incoerentes ou drásticas. Não leve tudo para o lado pessoal, evitando assim ressentimentos inúteis. Exercite a diplomacia e conseguirá o que almeja.

De 11 a 20 de setembro: Agora já é possível contornar as adversidades ou conflitos com mais flexibilidade e leveza. Mercúrio em trígono com Plutão vai facilitar o contato com familiares, decisões e iniciativas acertadas, que serão importantes para o bem-estar e a alegria de todos.

De 21 a 30 de setembro: Não deixe a pressa torná-lo refém de atitudes radicais e inadequadas. Respire fundo e se acalme antes de falar de assuntos que estão trancados em seu coração. O Sol em oposição a Netuno não favorece decisões definitivas.

De 1º a 10 de outubro: O planeta Mercúrio encontra-se pressionado por Plutão e Júpiter, comprometendo ainda a lucidez sobre o que precisa ser comunicado.

Fuja de discussões inúteis e intransigentes, uma vez que, não raro, o silêncio é a melhor resposta para conflitos intermináveis.

De 11 a 20 de outubro: Vênus junto a Saturno pode lhe trazer a sensação de que está isolado ou frustrado por decepções na vida amorosa. O idealismo excessivo acaba mostrando um cenário confuso em suas relações. Cabe a você exercitar o discernimento e ver como as pessoas são, e não como acha que elas deveriam ser.

De 21 a 31 de outubro: Os planetas Júpiter, Netuno e Plutão estão em harmonia com Mercúrio neste ciclo. Certamente as dificuldades do início do mês serão superadas. Sua mente está mais lúcida e focada na realidade. Sem grandes expectativas, você recuperará o bem-estar psíquico e emocional.

De 1º a 10 de novembro: Marte e Urano em oposição apresentam uma tendência a imprevistos e divergências de ponto de vista. O ideal é diminuir as expectativas, organizar a rotina e entrar em compasso de espera. Na vida amorosa, Vênus e Plutão pedem os mesmos cuidados.

De 11 a 20 de novembro: O céu nos mostra o Sol em trígono com Saturno, sinalizando eficiência e pragmatismo em relação ao trabalho. Assim, você poderá assumir mais responsabilidades e levá-las até o fim. Com estratégias e visão de longo alcance, o êxito é certo.

De 21 a 30 de novembro: O Sol recebe bons aspectos de Netuno em Peixes e de Plutão em Aquário nestes dias. Ao deixar de lado a ideia de que algo é impossível, você estará abrindo caminho e atraindo excelentes energias para viabilizar seus sonhos; siga com confiança!

De 1º a 10 de dezembro: Mercúrio em movimento direto faz trígono com Júpiter e Saturno ao mesmo tempo, todos em signos de Água. Você estará muito sensível e receptivo ao bem-estar de todos, sejam amigos ou familiares. Sua generosidade será contagiante e servirá de inspiração para os demais.

De 11 a 20 de dezembro: Saturno em quadratura com o Sol pode mostrar um ciclo de muito trabalho e responsabilidades que não serão finalizadas da maneira dese-

jada. Seja estratégico: dê um passo para trás e então poderá ver o que precisa ser reestruturado; depois, siga em frente.

De 21 a 31 de dezembro: O planeta Netuno em Peixes encontra-se pressionado por Sol e Vênus, que estão em Sagitário. Surgirão decepções que o deixarão contrariado, mas saiba que certos fatos não dependem de você. Tente se reprogramar, dentro do possível, e vivenciar o momento presente com alegria.

VIRGEM — **23 de agosto – 22 de setembro**

EU ORGANIZO — PLANETA REGENTE: Mercúrio

ELEMENTO: Terra — QUALIDADE: Mutável

PEDRAS DE PROTEÇÃO: Amazonita e malaquita

De 1º a 10 de janeiro: Neste início de ano sua autoestima deve reverberar de forma positiva, e desta feita poderá atrair oportunidades promissoras de crescer no trabalho. Seu pragmatismo e racionalidade estarão a serviço de todos, e os frutos não devem demorar a serem colhidos.

De 11 a 20 de janeiro: Urano e Sol estão em ângulo de harmonia, e isso evidencia todo tipo de inovação em sua vida, seja tecnológica, profissional ou mesmo emocional. Ações pioneiras serão bem-vindas e se estenderão em favor de colegas e parceiros; não desista!

De 21 a 31 de janeiro: O Sol ao lado de Plutão faz um bom aspecto com Júpiter e também beneficia os projetos de expansão social e profissional. Excelente período para fazer viagens, estudos e pesquisas que enriqueçam seus valores e sua visão de mundo.

De 1º a 10 de fevereiro: Saturno e Marte em harmonia trazem uma energia de estruturação e maturidade para assumir novos compromissos com muita responsabilidade e eficiência. Esteja ciente de que o pensamento positivo tem o poder de atrair aquilo que você está planejando.

De 11 a 20 de fevereiro: Alguns imprevistos podem alterar sua rotina em função de questões de saúde. Fique atento aos sinais e faça os exames habituais; não adie decisões importantes nesse sentido. Seu bem-estar sempre deve estar em primeiro lugar.

De 21 a 28 de fevereiro: Marte em trígono com Mercúrio está ativando a casa dos amigos e planos para o futuro. Encontros com pessoas do passado serão significativos e lhe darão a exata dimensão de quanto você já caminhou e realizou. Continue atento a sua saúde.

De 1º a 10 de março: Plutão em Aquário e Mercúrio em Áries fazem um sextil no céu, e essa configuração sinaliza um momento favorável para planejar a divulgação de seu trabalho e fazer viagens rápidas. A interação nas redes sociais pode ser igualmente proveitosa e produtiva.

De 11 a 20 de março: Sol e Urano abrem novos horizontes no setor de parcerias que tendam a ser criativas e nas quais você possa exercer sua originalidade. Experiências realizadas no passado também vão garantir o êxito que está buscando.

De 21 a 31 de março: Embora Mercúrio esteja retrógrado, não deixe de dar continuidade ao que já começou, mesmo que o ritmo dos eventos não seja o esperado. Vênus recebe bons aspectos de Netuno e Plutão, propiciando um clima de romantismo e entendimento na vida amorosa.

De 1º a 10 de abril: O planeta Urano está em destaque, recebendo bons aspectos de Saturno, Marte e Vênus. Pode confiar na energia de renovação, que veio com força total. Aproveite para exercitar o desapego, eliminando ou doando objetos, livros ou pertences sem nenhuma utilidade.

De 11 a 20 de abril: Tensões ou divergências com amigos poderão surgir, deixando-o frustrado. A tolerância e a diplomacia serão a bússola para nortear algum tipo de reconciliação. Todos têm direito a ter as próprias convicções e opiniões.

De 21 a 30 de abril: Marte e Sol estão pressionando Plutão, que está em Aquário, na casa da saúde e do trabalho. Lembre-se de que certos eventos não dependem de sua vontade ou ação, e, se for esse o caso, opte pela neutralidade; não é hora de tomar partido de nada nem de ninguém.

De 1º a 10 de maio: Vênus e Netuno ocupam os primeiros graus de Áries, signo do elemento Fogo relacionado a iniciativas, assertividade e coragem. É hora de conquistar o que tem em mente, sem medo de inovar e acreditando em sua força e na inteligência do coração.

De 11 a 20 de maio: Urano e Sol em conjunção ocupam a sua Casa IX, relacionada a Ensino Superior, graduações e especializações. O ciclo é oportuno para investir em conhecimentos e ampliar seus recursos e talentos. O contato com o estrangeiro está favorecido.

De 21 a 31 de maio: O céu estelar nos mostra que Vênus em Áries e Marte em Leão trazem um ciclo auspicioso para climas de romance, intimidade e encontros apaixonados. Não recuse convites para sair e se divertir, e, sobretudo, não tenha medo de ser feliz.

De 1º a 10 de junho: Sol e Mercúrio estão juntos em Gêmeos na décima casa. Ótima fase para a interação social e intelectual, viagens interessantes, encontrar amigos. Sua energia mental está voltada para o trabalho; coloque foco e intenção em tudo o que fizer.

De 11 a 20 de junho: Caso haja contratempos em seus planos imediatos, fique atento e realize aquilo que estiver ao seu alcance. Mal-entendidos não precisam ser superdimensionados; evite ressentimentos ou julgamentos precipitados. O tempo vai esclarecer tudo.

De 21 a 30 de junho: Sol e Júpiter em Câncer é um aspecto auspicioso e que manifesta uma forte necessidade de proteger ou estar próximo da família. Isso vale também para amigos ou pessoas com os quais você compartilha sentimentos de intimidade e segurança emocional.

De 1º a 10 de julho: Nestes dias, Vênus em Gêmeos terá um efeito muito positivo em sua vida profissional. Você poderá responder às demandas com mais diplomacia, senso de estratégia e cooperação, ou seja, a inteligência emocional fará toda a diferença em suas ações.

De 11 a 20 de julho: A Lua Cheia em Capricórnio vai ativar sua casa de relacionamentos amorosos, intensificando as emoções e o desejo de cumplicidade com quem você ama. Muito oportuno para fazer viagens rápidas de lazer e investir também na vida social.

De 21 a 31 de julho: Reserve um espaço na agenda de trabalho e não postergue mais os cuidados com a saúde. Faça os exames de rotina, agendando as consultas necessárias. Será importante também evitar gastos supérfluos, feitos por impulso.

De 1º a 10 de agosto: Embora Mercúrio esteja em movimento retrógrado em Leão, a proximidade do Sol nestes dias será bem oportuna. Trate de reavaliar metas, organizar documentos pendentes, remarcar encontros ou reuniões importantes. Nada de procrastinação!

De 11 a 20 de agosto: Vênus está ao lado de Júpiter em Câncer, na casa dos amigos e planos para o amanhã. Você provavelmente vai ficar feliz ao se sentir acolhido por esses amigos e animado por poder compartilhar com eles segredos, anseios pessoais ou projetos de curto prazo.

De 21 a 31 de agosto: Não dê importância a imprevistos no ambiente de trabalho, pois eles sempre acontecem. Coloque foco e eficiência naquilo que está dando certo, valorizando suas conquistas anteriores. A intuição vai lhe dar boas dicas!

De 1º a 10 de setembro: Tenha cautela em suas opiniões e julgamentos, pois eles poderão provocar discussões ou ressentimentos desnecessários. Controle o nervosismo e a preocupação com o amanhã, vivendo um dia de cada vez. Desligue o celular e descanse a mente.

De 11 a 20 de setembro: O reconhecimento de seu esforço pela dedicação aos familiares já está a caminho, e isso o deixará confiante para novas decisões no âmbito doméstico. Bom período para tratar de assuntos de compra e venda de imóveis, e planejar seu futuro.

De 21 a 30 de setembro: Sol e Netuno em oposição no céu é uma configuração que inspira cuidados com situações pouco transparentes e confusas que possam surgir no dia a dia. Não tome partido de ninguém; espere a poeira baixar para se posicionar, se for necessário.

De 1º a 10 de outubro: Urano e Netuno fazem um sextil no céu, e agora já é possível ver com mais luminosidade o que estava nebuloso no ciclo anterior. Mesmo com as dúvidas dissipadas, tenha cautela e não tome decisões precipitadas até que tudo fique às claras.

De 11 a 20 de outubro: Vênus faz oposição a Netuno e Saturno, podendo sinalizar mágoas e ressentimentos que ainda moram em seu coração e podem retornar.

Esses sentimentos vão exigir de você maturidade e discernimento para não ficar revivendo coisas do passado. Tudo vai se esclarecer.

De 21 a 31 de outubro: Mercúrio e Marte em Escorpião podem impulsionar as transformações necessárias em suas emoções; cultive pensamentos e ações positivas a seu favor, antes de mais nada. O pensamento tem realmente o poder de transformar aquilo que costumamos chamar de destino.

De 1º a 10 de novembro: Nesta fase, com Marte em Sagitário e Urano em Gêmeos, seria bem proveitoso estar atento aos aparelhos eletrônicos como celular, *tablet* etc., fazendo também um *backup* dos documentos mais importantes. Pode haver despesas inesperadas; saiba economizar mais.

De 11 a 20 de novembro: Bom período para planejar algo interessante para o seu final de ano com os familiares. Mercúrio em Escorpião em trígono com Netuno em Peixes indica um ciclo oportuno para investir em interesses espirituais, esotéricos, filosóficos ou humanitários.

De 21 a 30 de novembro: Mercúrio e Júpiter corroboram as motivações de ordem filosófica que tanto fazem bem ao espírito. O Sol em Sagitário e Plutão em Aquário estão em sextil, promovendo sincronicidades, autoconhecimento e uma percepção mais profunda de suas capacidades.

De 1º a 10 de dezembro: Saturno e Mercúrio estruturam agora seu poder de comunicação, eloquência, objetividade e concentração naquilo que faz. Ótimos dias para fazer parcerias com pessoas de mais experiência que poderão ajudá-lo no tocante a eficiência e produtividade no longo prazo.

De 11 a 20 de dezembro: Saturno em aspecto de tensão com o Sol sinaliza um ritmo mais lento na execução de projetos. Não se preocupe demais, tendo em vista que tudo tem a hora certa para acontecer.

De 21 a 31 de dezembro: Aspectos difíceis de Netuno no céu estelar podem tornar eventos externos mais indefinidos, sujeitos a alterações de última hora. Por conta disso, evite decisões definitivas; adapte-se ao que for possível e, se tiver um plano B, melhor!

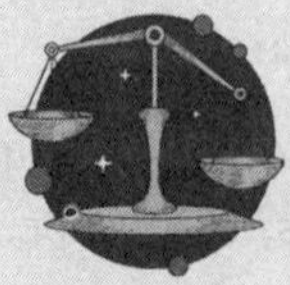

LIBRA — **23 de setembro – 22 de outubro**

EU EQUILIBRO — PLANETA REGENTE: Vênus

ELEMENTO: Ar — QUALIDADE: Cardinal

PEDRAS DE PROTEÇÃO: Quartzo rosa e turmalina melancia

De 1º a 10 de janeiro: Nestes dias você poderá ter um ótimo convívio com familiares que não vê há tempos. Conhecer a própria história por intermédio deles será muito significativo e relevante para seu autoconhecimento. Aproveite bem esses encontros.

De 11 a 20 de janeiro: Momento interessante para pensar em reformar a casa ou mudar para outra. O Sol na quarta casa em trígono com Urano será bastante benéfico para algumas decisões nesse sentido. Bom também para cuidar da aparência e da saúde.

De 21 a 31 de janeiro: Urano em Touro recebe bons aspectos de Mercúrio e Marte, que estão em Capricórnio e Câncer, respectivamente. Período em que você terá mais presença de espírito e flexibilidade para se adaptar às circunstâncias à sua volta. Viagens curtas serão bem-vindas.

De 1º a 10 de fevereiro: O interesse pelo estrangeiro ou o contato com ele será bem estimulante neste ciclo; notícias boas podem chegar e deixá-lo animado. Plutão em sextil com Vênus indica uma fase positiva para a vida amorosa e social; não recuse convites para se divertir.

De 11 a 20 de fevereiro: Esteja mais atento e cuidadoso com os aparelhos eletrônicos, que podem dar problemas ou exigir atualizações esquecidas. Faça um *backup* de documentos relevantes; não adie decisões por impaciência ou pela desculpa de falta de tempo.

De 21 a 28 de fevereiro: Mercúrio em trígono com Marte favorece decisões assertivas baseadas nas demandas do dia e também em suas convicções afetivas. Não há por que fazer aquilo de que não gosta o tempo todo. Evite gastos exagerados.

De 1º a 10 de março: Mercúrio em Áries faz sextil com Plutão em Aquário, sinalizando mais capacidade no planejamento dos próximos passos; siga sua intuição e criatividade para colorir essas tarefas. O Sol em trígono com Marte corrobora essa energia de ação.

De 11 a 20 de março: Um forte *stellium* em Peixes está dinamizando seus planos de trabalho, e você acabará assumindo mais responsabilidades para finalizá-los com segurança. A intuição continua sendo uma bússola importante para continuar motivado.

De 21 a 31 de março: O planeta Netuno agora recebe aspectos positivos de Mercúrio e do Sol, devendo direcionar seus interesses para questões de saúde e bem-estar. Faça os exames devidos, sem adiar consultas. Plutão em harmonia favorece a organização da vida financeira.

De 1º a 10 de abril: Saturno faz sextil com Urano no céu estelar, conciliando tendências diferentes entre si. Saturno vem a ser a capacidade de estruturação em relação ao seu trabalho de forma disciplinada; Urano, a criatividade que vai se somar ao processo. Vá em frente!

De 11 a 20 de abril: Vênus, seu regente solar, faz conjunção com Saturno em Peixes, e agora é possível interagir de modo mais maduro e ponderado em seus relacionamentos. Você vai perceber que eles estão mais enraizados na confiança mútua e na lealdade – valores importantes para os librianos.

De 21 a 30 de abril: Marte, Sol e Plutão estão em desarmonia no céu, e essa tensão pode ocasionar eventos e conflitos que não estarão sob seu controle. É difícil elaborar a sensação de impotência, no entanto, é preciso encontrar a tranquilidade dentro de si, sem procurar culpados.

De 1º a 10 de maio: Júpiter em Gêmeos faz sextil com Mercúrio em Áries, que ocupa a sétima casa, favorecendo bons diálogos e otimismo em tudo o que você fizer. Bom ciclo para o aprendizado em geral, trocar experiências e participar de seminários, palestras e cursos *on-line*.

De 11 a 20 de maio: Nestes dias, o céu dá uma dica importante: não fique falando para todo mundo aquilo que vai fazer ou já está fazendo. Guarde para si suas estratégias de ação, concentrando-se nelas e sem se dispersar demais com eventos externos.

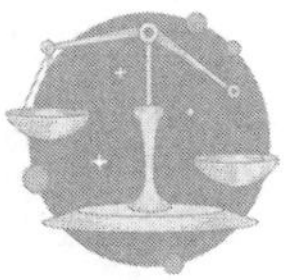

De 21 a 31 de maio: Neste fim de mês, Mercúrio faz conjunção com Urano em Touro e trígono com Plutão em Aquário. Ciclo positivo para investir em sua imagem e ampliar suas relações. Mantenha o foco e a objetividade para obter resultados valiosos.

De 1º a 10 de junho: Sol e Mercúrio juntos em Gêmeos dão continuidade às atividades do ciclo anterior, confirmando a tendência positiva de mostrar mais seu trabalho e talentos. O período também é favorável para se manter atualizado sobre novas áreas de conhecimento.

De 11 a 20 de junho: Urano em quadratura com Marte gera tensão ou contenção na fluência de seus movimentos, mas não se preocupe, pois é algo passageiro. Demandas da vida amorosa pedirão sua atenção; não deixe isso passar em branco.

De 21 a 30 de junho: O Sol em conjunção com Júpiter em Câncer e em sextil com Marte evidencia mais autoconfiança e otimismo, dando-lhe o poder de transformar a realidade naquilo em que acredita. A constatação do poder do pensamento é cada vez maior, assim como da boa autoestima.

De 1º a 10 de julho: Vênus em Gêmeos em sextil com Netuno em Áries e com Plutão em Aquário forma uma configuração que traz a promessa de maior movimentação e novos impulsos em sua vida social e amorosa. Com romance à vista, nada de desculpas para ficar em casa!

De 11 a 20 de julho: A Lua Cheia em Capricórnio dinamiza sua quarta casa, favorecendo o contato com familiares e ações positivas para contornar questões domésticas. Vênus e Mercúrio em harmonia assinalam bons e produtivos contatos com o estrangeiro.

De 21 a 31 de julho: A maré da vida amorosa continua intensa e agitada, requerendo mais discernimento e menos impulsividade e desconfiança. Sol e Plutão trazem tendência a exageros nas palavras no sentido de impor sua vontade; vá com calma.

De 1º a 10 de agosto: A bela conjunção de Júpiter e Vênus na décima casa mostra sua propensão a querer proteger aqueles que você quer bem, tanto no ambiente familiar quanto na vida profissional. Seu espírito altruísta e generoso torna tudo mais harmonioso ainda, irradiando o melhor para todos!

De 11 a 20 de agosto: Marte e Plutão em trígono têm o poder de revelar seus talentos ainda adormecidos; faça bom uso deles para alcançar seus desejos. Marte em Libra e Mercúrio em Leão tornam sua mente

mais ágil e flexível, sendo este um excelente período para fechar acordos e fazer negócios.

De 21 a 31 de agosto: O planeta Vênus está no signo de Leão em trígono com Saturno em Áries, favorecendo o poder de atração e sedução na vida sentimental. Nada como um jantar à luz de velas e uma boa dose de romantismo; sem isso, a vida perde seu colorido.

De 1º a 10 de setembro: No início deste mês temos Marte em Libra fazendo quadratura com Júpiter em Câncer. Podem surgir contrariedades na vida profissional, e você, apesar de tudo, ficará em vantagem se não levar nada para o lado pessoal. Nem sempre a justiça vai prevalecer, tenha isso em mente.

De 11 a 20 de setembro: Neste momento, as questões do ciclo anterior podem ser ajustadas com o Sol em sextil com Júpiter, que representa os assuntos jurídicos na astrologia. Seu poder de comunicação e eloquência está em alta, promovendo entendimento e o julgamento correto dos fatos ocorridos.

De 21 a 30 de setembro: Marte e Plutão no céu estão em ângulo de tensão, o que facilmente poderia terminar em conflitos com agressão e destrutividade. Por outro lado, Urano faz um bom aspecto com Plutão durante todo o mês, permitindo a transmutação dessas tendências. Acredite nessa possibilidade.

De 1º a 10 de outubro: Podem existir ainda resquícios de emoções do período anterior, mas que aos poucos vão se dissipando. Urano em Gêmeos em sextil com Netuno em Áries nestes dias traz uma energia de renovação e superação; já é possível ver tudo de um ângulo superior e bem mais espiritual.

De 11 a 20 de outubro: Neste período, com Vênus em oposição a Saturno e Netuno, o melhor a fazer é se resguardar emocionalmente, evitando discussões e, sobretudo, deixando de lado o desejo de tirar do passado certos assuntos que já não têm mais razão de ser. Dê tempo ao tempo; tudo vai passar.

De 21 a 31 de outubro: Neste ciclo, Marte faz ângulos benéficos com Júpiter e Saturno, que estão em Câncer e Peixes, respectivamente. Você pode agir e julgar tudo com mais sabedoria e compaixão, tendo em vista que todos somos imperfeitos e que dificuldades aperfeiçoam nosso processo evolutivo.

De 1º a 10 de novembro: Saturno e Júpiter estão em trígono no céu, mostrando que o poder do conhecimento adquirido pode se transformar em sabedoria, maturidade e equilíbrio emocional para enfrentar as tempestades da vida. É preciso saber olhar do alto e de longe, e ser cocriador do próprio destino.

De 11 a 20 de novembro: Mercúrio e Marte estão juntos em Sagitário, acentuando a necessidade de ver a vida através de um olhar mais reflexivo ou filosófico. Mercúrio e Netuno em harmonia indicam um bom momento para iniciar uma dieta de desintoxicação do organismo; não perca tempo!

De 21 a 30 de novembro: Júpiter e Mercúrio estão beneficiando viagens rápidas, bons encontros com amigos de longa data e interação nas redes sociais. Sol e Netuno em trígono, por sua vez, podem ativar temas voltados a espiritualidade, misticismo e autoconhecimento. Preste mais atenção aos seus sonhos!

De 1º a 10 de dezembro: Mercúrio em trígono com Júpiter e Saturno vão torná-lo mais receptivo e sensível ao contato humano; assim, você poderá cuidar dos outros de forma bem generosa. Bom período para tratar de assuntos patrimoniais que favoreçam seus parentes, pois eles ficarão satisfeitos com suas decisões.

De 11 a 20 de dezembro: Nesta fase, você pode se sentir mais cansado com a carga extra de responsabilidades que nem sempre serão finalizadas da forma como gostaria. Delegue uma parte delas a pessoas de sua confiança. Você se sentirá bem melhor após essa decisão, pode acreditar.

De 21 a 31 de dezembro: Os aspectos tensos de Netuno no céu podem criar um clima de indefinições ou dúvidas; o que estava planejado pode não dar certo. O melhor a fazer é relaxar, observando quais são as possibilidades para contornar as situações, e não fazer dramas, pois é tudo passageiro!

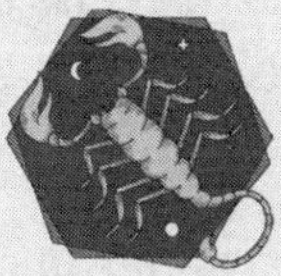

ESCORPIÃO **23 de outubro – 21 de novembro**

EU DESEJO
PLANETA REGENTE: Plutão
ELEMENTO: Água
QUALIDADE: Fixo
PEDRAS DE PROTEÇÃO: Obsidiana e jaspe

De 1º a 10 de janeiro: Neste início de ano temos Saturno em sextil com o Sol, em um ótimo ciclo para você planejar o que deseja realizar, tendo mais clareza sobre como organizar esse planejamento. Bom também para o aconselhamento com pessoas de mais experiência, que poderão orientá-lo nesse sentido.

De 11 a 20 de janeiro: Nesta fase, sua intuição está em alta, assim como a percepção mais sutil da realidade. O universo tende a colaborar com seus projetos por meio das sincronicidades do dia a dia. Ótimo período para parcerias temporárias e criativas.

De 21 a 31 de janeiro: Sol e Mercúrio estão se unindo a Plutão em Aquário neste período, dando às questões familiares mais profundidade. É interessante conhecer a história de seus antepassados, pois isso trará um significado positivo para sua vida no aqui e agora.

De 1º a 10 de fevereiro: Mercúrio em Aquário está em trígono com Júpiter em Gêmeos, propiciando um momento auspicioso para tratar de assuntos financeiros, fazer investimentos e divulgar melhor o seu trabalho. Interessante também para tratar de assuntos jurídicos, se for o caso.

De 11 a 20 de fevereiro: Mercúrio e Sol em Aquário sinalizam um período dinâmico para resolver assuntos domésticos ou relativos ao seu patrimônio. Excelente período para ampliar conhecimentos, interagir socialmente, fazer cursos *on-line*, participar de palestras e seminários.

De 21 a 28 de fevereiro: Marte em trígono com Mercúrio em Peixes lhe trará uma percepção mais sutil das pessoas de seu convívio; facilidade no diálogo e na compreensão dos sentimentos de outras pessoas. Período positivo para a vida amorosa e para fazer planos e viagens de lazer a lugares prazerosos ou desconhecidos.

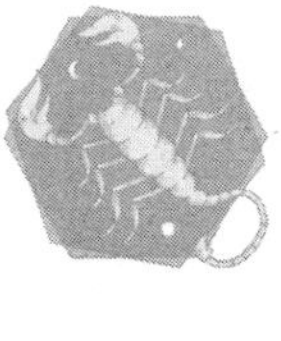

De 1º a 10 de março: Sua sensibilidade segue aflorada, assim como suas emoções. Momento benéfico para o autoconhecimento e a interpretação de sonhos. O estudo de temas esotéricos ou místicos poderá ajudá-lo nesse contexto. Não perca essa oportunidade.

De 11 a 20 de março: Mercúrio e Vênus estão em Áries, em movimento retrógrado, e o Sol faz sextil com Urano. Você pode otimizar este ciclo fazendo uma revisão honesta dos relacionamentos que são importantes em sua vida. O fim de algumas relações tem sua razão de ser.

De 21 a 31 de março: Vênus, Mercúrio e Sol fazem sextil com Plutão em Aquário. Aproveite estes dias para cuidar melhor da saúde, alimentar-se bem, fazer exercícios ou caminhadas com regularidade, tomar sol e se divertir. Bom período também para o planejamento de seu trabalho.

De 1º a 10 de abril: Saturno em sextil com Urano vai mostrar duas tendências importantes: uma é a capacidade de estruturar seus ideais com os pés no chão; a outra é poder renovar as metas com originalidade e visão de futuro, ou seja, com mais perspectiva.

De 11 a 20 de abril: Vênus em Peixes em sextil com Urano em Touro, além de Mercúrio em movimento direto, sinalizam alterações positivas em sua rotina que o deixarão com liberdade para fazer novas escolhas. Não despreze os sinais da intuição.

De 21 a 30 de abril: Neste ciclo você poderá vivenciar conflitos entre o ambiente familiar e o profissional. A conciliação só será possível com controle emocional, ponderação e bom senso. Desacelere o ritmo e dê prioridade ao que é mais importante neste momento.

De 1º a 10 de maio: Vênus faz conjunção com Netuno em Áries nestes dias, possibilitando-lhe tomar iniciativas com coragem a fim de definir para si mesmo o que de fato deseja para sua vida. Pode surgir um clima para romances e novas conquistas.

De 11 a 20 de maio: Urano e o Sol na casa das parcerias vão trazer inspiração e criatividade, permitindo-lhe a mudança de opiniões mais materialistas e pragmáticas. Tudo poderá ser visto sob outro olhar, assim modificando também suas atitudes e escolhas.

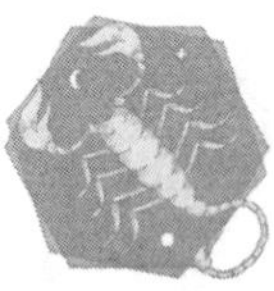

De 21 a 31 de maio: Vênus em Áries em trígono com Marte em Leão intensificará suas emoções, e você poderá vivenciar romances momentâneos e calorosos. Não tenha receio de mostrar seus sentimentos; afinal, por que escondê-los? Bom período para decisões rápidas no âmbito profissional.

De 1º a 10 de junho: A fase da Lua Crescente e o bom aspecto entre Mercúrio e Marte vão movimentar seus contatos profissionais. Saiba tirar proveito disso expondo suas ideias e interagindo com quem sabe mais que você. O conhecimento abre portas para todos.

De 11 a 20 de junho: Mercúrio em Câncer em ângulo difícil com Netuno em Áries pode mudar a direção do vento favorável do ciclo anterior. Será preciso ter mais cuidado com as palavras para não ser mal interpretado, mesmo que você tenha boas intenções.

De 21 a 30 de junho: O Sol em conjunção com Júpiter em Câncer na Casa IX evidencia agora o ciclo de crescimento e reconhecimento que você esperava, e isso pode se refletir também na vida financeira. Esclarecimentos relativos ao ciclo anterior devem surgir neste período.

De 1º a 10 de julho: Nestes dias de inverno, os bons ângulos entre Vênus e Netuno no céu estelar favorecem especialmente seu bem-estar e saúde. Aproveite para fazer os exames anuais ou então relaxar junto à natureza, tomando sol para recarregar a energia vital.

De 11 a 20 de julho: Vênus em Gêmeos recebe um sextil de Mercúrio em Leão, estimulando sua vida social e profissional. Ótimo momento para sair mais, viajar, conhecer gente nova e se inspirar emocionalmente com aqueles com quem você tem mais afinidade.

De 21 a 31 de julho: O Sol em oposição a Plutão e Mercúrio em movimento retrógrado indica a necessidade de cuidado com as palavras e atitudes intransigentes. O mesmo Sol em trígono com Saturno vai lhe dar maturidade emocional para lidar com os desafios que surgirem.

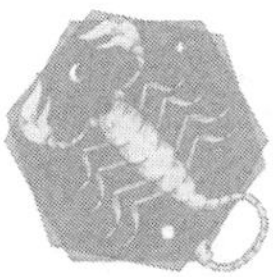

De 1º a 10 de agosto: Mercúrio e Sol transitam em sua décima casa, e assim você poderá ter êxito ou reconhecimento do esforço anterior na vida profissional. Vênus e Saturno estão em aspecto tenso, podendo sinalizar cansaço por excesso de trabalho; delegue as tarefas para alguém de sua confiança.

De 11 a 20 de agosto: Neste ciclo, Mercúrio em movimento direto deve corroborar uma sensação de prazer no ambiente de trabalho, e você poderá compartilhar experiências interessantes com os colegas. Vênus e Júpiter em conjunção indicam mais segurança e harmonia também no contexto familiar.

De 21 a 31 de agosto: Vênus em sextil com Urano e em trígono com Netuno torna esta fase gratificante para eventos de natureza artística ou cultural. Sua energia e carisma estarão em alta, e você pode atrair alguém especial para compartilhar seus sentimentos. Nada de se esconder em casa.

De 1º a 10 de setembro: O momento planetário vai demandar jogo de cintura para evitar discussões nas quais você não encontrará muito respaldo. O importante é não levar tudo para o lado pessoal, o que sempre dá margem para alimentar ressentimentos que acabam fazendo o corpo adoecer.

De 11 a 20 de setembro: Urano e Plutão, planetas transpessoais, estão além da órbita de Saturno. Momento inspirador para cultivar interesses ou estudos voltados à área espiritual. Você poderá agora olhar para sua vida de outra maneira, com mais criatividade, desapego e liberdade.

De 21 a 30 de setembro: Neste ciclo será possível dar mais atenção às questões de saúde, em especial a emoções mal resolvidas que podem desencadear doenças psicossomáticas. Procure ajuda para se cuidar de forma adequada, evitando a automedicação.

De 1º a 10 de outubro: Aspectos difíceis de Mercúrio, Júpiter e Plutão tendem a dificultar a comunicação com pessoas próximas ou mesmo familiares. O melhor a fazer é não se tornar refém da raiva; espere a poeira baixar. Logo tudo será esclarecido, não se preocupe.

De 11 a 20 de outubro: Vênus em quadratura com Netuno pode deixá-lo sujeito a desilusões na vida amorosa; tente entender que as altas expectativas o conduziram a essa situação. Uma reflexão honesta vai tranquilizá-lo, já

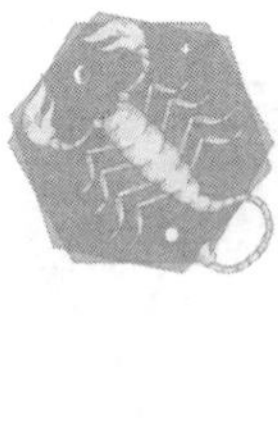

que tais situações têm como resultado o amadurecimento e uma visão mais realista do mundo.

De 21 a 31 de outubro: Este mês você tem Marte, seu corregente solar, ocupando a primeira casa, o que lhe confere mais vitalidade. Marte também fará trígono com Júpiter em Câncer e Saturno em Peixes, sinalizando mais fé, segurança e profundidade emocional e espiritual.

De 1º a 10 de novembro: A oposição entre Urano em Gêmeos e Marte em Sagitário indica a necessidade de estar mais atento aos aparelhos eletrônicos, que podem ter algum tipo de problema e alterar sua rotina e compromissos. Plutão em bom aspecto vai facilitar o encontro de uma solução inteligente e assertiva.

De 11 a 20 de novembro: Sol, Júpiter e Saturno formam um belo trígono no céu, favorecendo escolhas acertadas, sustentadas por experiências anteriores, pela fé e pela confiança na vida. Seu otimismo poderá ser contagiante e assim ter influência positiva naqueles que o rodeiam.

De 21 a 30 de novembro: Mercúrio e Júpiter estão em um ângulo harmônico, o que confirma novamente a tendência de positividade em tudo o que fizer ou comunicar. É momento de colher os frutos do que plantou antes. A vida familiar segue com tranquilidade.

De 1º a 10 de dezembro: Mercúrio voltou ao movimento direto em Escorpião e movimenta sua Casa XI, dos planos coletivos. Excelente período para sair, trocar ideias e planejar o futuro. Viagens rápidas serão bem-vindas e prazerosas.

De 11 a 20 de dezembro: O aspecto tenso entre Sol e Saturno pode indicar muito trabalho, porém lentidão nos resultados. Essa sobrecarga talvez o deixe desanimado; o melhor é delegar tarefas a alguém de confiança. Pode haver dificuldade no relacionamento com irmãos ou primos.

De 21 a 31 de dezembro: Os aspectos difíceis de Netuno no céu atuam em sua vida sentimental e demandarão desapego, que significa neste momento abrir mão de sonhos ou altas expectativas que não se cumprirão. É hora de desenvolver o discernimento, evitando assim relacionamentos que repetem padrões ou crenças limitantes do passado.

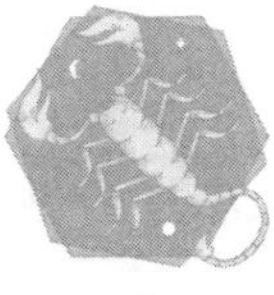

SAGITÁRIO

22 de novembro – 21 de dezembro

EU ELEVO
PLANETA REGENTE: Júpiter
ELEMENTO: Fogo
QUALIDADE: Mutável
PEDRAS DE PROTEÇÃO: Ametista e lápis-lazúli

De 1º a 10 de janeiro: Período excelente para planejar as férias com mais objetividade em relação a custos e benefícios. Relativize possíveis divergências no âmbito familiar, pois o mal-entendido pode estar na comunicação deficiente e logo será resolvido.

De 11 a 20 de janeiro: O planeta Saturno recebe bons aspectos neste ciclo, o que significa que você poderá lidar de maneira eficiente e pragmática com aquilo que a vida apresentar. Bom período para fazer viagens rápidas a lugares ainda desconhecidos.

De 21 a 31 de janeiro: Sol e Plutão em Aquário fazem trígono com Júpiter, seu regente solar, trazendo ânimo e otimismo para dar sequência a empreendimentos, parcerias e viagens a negócios. Marte em sextil com Urano sinaliza mais intuição; fique atento a ela.

De 1º a 10 de fevereiro: Plutão em sextil com Vênus e Marte em trígono com Saturno estão dinamizando sua vida sentimental. Trate de investir e de acreditar mais em você, valorizando qualidades e seu poder de atração e conquista. Bom período também para a vida social e cultural.

De 11 a 20 de fevereiro: Urano recebe agora aspectos difíceis de Sol e Mercúrio, e isso pode reverberar em sua saúde de modo geral. Controle a impaciência e a ansiedade, e coma menos carboidratos e alimentos processados, que acabam sobrecarregando o organismo.

De 21 a 28 de fevereiro: Nesta fase, você poderá assumir responsabilidades maiores em relação a sua moradia e vida doméstica em geral, o que o deixará satisfeito e realizado. Suas iniciativas serão muito valorizadas e beneficiarão a todos.

De 1º a 10 de março: Com Plutão e Mercúrio em sextil, você poderá usar a inteligência para a tomada de decisões mais efetivas, algo que será estimulante para quem estiver a seu lado. O Sol em trígono com Marte em Câncer confirma essa tendência de disponibilidade para achar soluções criativas e inspiradoras.

De 11 a 20 de março: Mercúrio e Vênus estão em Áries, estimulando a espontaneidade e a criatividade em tudo o que fizer. Não procrastine decisões relevantes, ainda que não tenha certeza de êxito nos resultados. A hora é de ação e movimentos mais arrojados.

De 21 a 31 de março: Sol, Mercúrio e Vênus fazem bons ângulos com Plutão, que está no início de Aquário. Essa configuração possibilita o reconhecimento de talentos e recursos recém-surgidos. O autoconhecimento fortalecerá sua autoconfiança.

De 1º a 10 de abril: Saturno, Marte e Vênus fazem sextil com Urano, e agora você percebe que a intuição poderá ser uma grande aliada em decisões e no direcionamento de seus propósitos. Vênus e Marte em signos de Água propiciam um clima de romantismo; aproveite para sair, divertir-se e namorar.

De 11 a 20 de abril: Neste ciclo você poderá ficar mais irritado ou intolerante com tudo ao redor; é aconselhável controlar as oscilações de humor e fugir de discussões estéreis. Com a Lua em fase Cheia, procure dirigir a atenção para aquilo que lhe dá mais prazer.

De 21 a 30 de abril: É possível que você tenha dificuldade em coordenar assuntos profissionais e familiares de forma harmoniosa, podendo vivenciar situações desgastantes alheias a sua vontade. Por isso mesmo, mantenha a calma e saiba esperar por dias melhores.

De 1º a 10 de maio: Mercúrio em sextil com Júpiter, seu regente solar, está na sétima casa, em Gêmeos. Nestes dias, você terá bastante energia mental e capacidade de dialogar com clareza e precisão. Cuide da saúde, fazendo mais exercícios e usufruindo de alimentos mais energéticos.

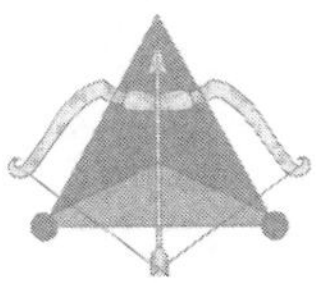

De 11 a 20 de maio: Sol e Urano juntos em Touro dinamizam o ambiente de trabalho, que pode estar demandando mudanças positivas. Mostre o que acumulou em experiências do passado e não se intimide com as novidades; tudo vai dar certo se seguir sua intuição.

De 21 a 31 de maio: Marte está em Leão e Vênus em Áries, ambos do elemento Fogo. Isso representa ação, energia vital e entusiasmo para seguir em frente. Seu carisma está em alta e você poderá atrair pessoas e circunstâncias para se aprimorar em boas escolhas.

De 1º a 10 de junho: Sol e Mercúrio estão no signo de Gêmeos, ainda enfatizando a necessidade de comunicação e de interação social diversificada. Nesta fase de Lua Crescente em sua décima casa, tudo o que fizer ficará em evidência, trazendo-lhe o devido reconhecimento profissional.

De 11 a 20 de junho: Neste momento, você poderá enfrentar dificuldades com aparelhos eletrônicos, algo que vai alterar sua rotina e horários. É aconselhável aplicar as soluções possíveis de imediato e ter paciência com imprevistos, sem ficar procurando culpados.

De 21 a 30 de junho: Marte entrou no signo de Câncer e faz sextil com o Sol, tendo como resultado um reflexo positivo no campo profissional, no qual você poderá tomar decisões mais assertivas. É possível também aproveitar o momento para reivindicar melhores condições financeiras junto a seus superiores.

De 1º a 10 de julho: Vênus em Touro recebe bons aspectos de Netuno e Plutão, conferindo a este ciclo intensidade na vida social e afetiva. Sua autoestima está em alta; trate de investir em saúde, beleza e bem-estar, pois sentir-se valorizado sempre faz bem para a alma.

De 11 a 20 de julho: Netuno em Áries faz sextil com Plutão em Aquário, tornando este ciclo relevante para a comunicação em geral. O momento é positivo para se expor, fazer negócios, comprar e vender. Por outro lado, também é uma excelente ocasião para o desenvolvimento espiritual, usufruir de terapias holísticas, astrologia ou misticismo.

De 21 a 31 de julho: O Sol está em Leão, ocupando sua Casa IX, em sextil com Urano, na sétima. A disponibilidade para investir em conhecimentos será bem proveitosa. Esteja aberto a novidades, viagens, palestras; abra o leque de suas motivações intelectuais.

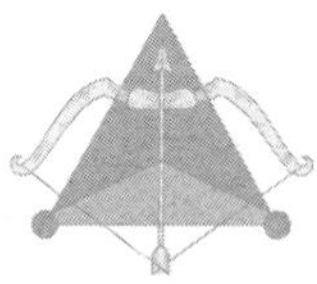

De 1º a 10 de agosto: Nesta fase, com o sextil entre Urano em Gêmeos e Netuno em Áries, você perceberá uma intensa necessidade de se conhecer melhor, saber mais de seus talentos ou vocação. Sol e Mercúrio em Leão também favorecem viagens longas e o contato com outras culturas.

De 11 a 20 de agosto: Mercúrio em Leão fica agora em movimento direto, privilegiando reencontros, troca de ideias, atualização da agenda e novos projetos. Vênus, ao fazer conjunção com Júpiter em Câncer, evidencia um tempo de senso de pertencimento e alegria juntos aos familiares.

De 21 a 31 de agosto: Vênus em sextil com Urano e em trígono com Netuno vem corroborar as tendências do início do mês. Mudanças e transformações positivas estão a caminho; siga a bússola de seu coração. É momento de cura, superação, conquistas e novidades na vida amorosa.

De 1º a 10 de setembro: Este ciclo continua sendo uma ótima oportunidade para desbloqueios emocionais, com a sensação de estar em curso um desabrochar de talentos e a liberdade para ser quem você é de fato. Aproveite!

De 11 a 20 de setembro: Júpiter em Câncer recebe bons aspectos de Sol e Mercúrio, que estão em Virgem na décima casa. O reconhecimento que você esperava está quase chegando. Ciclo de maturidade e expansão que deve ser bem aproveitado; não adie decisões importantes.

De 21 a 30 de setembro: Neste momento, você está muito sensível psiquicamente, vulnerável a situações confusas ou mal-entendidos. Não sabote suas conquistas; as adversidades podem ser um teste para a sua fé. Não desanime.

De 1º a 10 de outubro: Este momento pode ser positivo para eventuais esclarecimentos relativos ao ciclo anterior. Mantenha-se firme em seus propósitos, colocando o foco em suas realizações e sabendo que uma fase melhor logo vai chegar. Dietas de desintoxicação serão bem proveitosas para seu bem-estar.

De 11 a 20 de outubro: Vênus em oposição a Saturno e Netuno pode sugerir uma sensação de retrocesso; de perda de algo ou alguém importante. Sendo esse o caso, pense que as relações têm seu propósito, mas também podem ter um fim. Não coloque lente de aumento nos problemas; tudo vai passar.

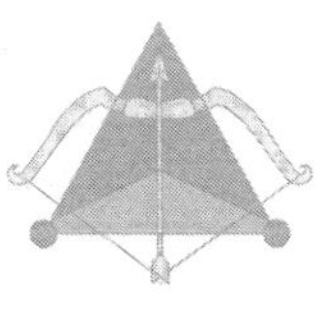

De 21 a 31 de outubro: Marte em Escorpião faz bons aspectos com Júpiter em Câncer e com Saturno em Peixes. Essa configuração planetária indica um processo de maturidade emocional, permitindo-lhe assumir mais responsabilidades. Ótimo período para o contato com pessoas mais sábias e espiritualizadas.

De 1º a 10 de novembro: Marte fazendo oposição a Urano representa um ciclo de irritabilidade e falta de jogo de cintura para contornar circunstâncias difíceis. Procure não levar nada para o lado pessoal nem fique alimentando ressentimentos.

De 11 a 20 de novembro: O Sol em Escorpião faz trígono com Saturno em Peixes. Momento oportuno para resolver pendências no âmbito familiar, sejam elas patrimoniais ou relativas a tarefas rotineiras. Faça os exames que estejam pendentes e procure ter uma alimentação mais leve e adequada aos dias de calor.

De 21 a 30 de novembro: O reencontro com pessoas do passado tende a ser prazeroso, afinal, são lembranças com pessoas queridas que tecem as histórias de vida. Ótimo momento para expandir a mente com boas conversas, leituras e companhias interessantes.

De 1º a 10 de dezembro: A Lua Cheia deste mês ocorre em Gêmeos em sua sétima casa, e este ciclo tende a ser uma continuação do anterior, rico em troca de ideias e interação social diversificada. Mercúrio e Saturno favorecem bons investimentos financeiros no longo prazo.

De 11 a 20 de dezembro: Será importante puxar o freio de mão com as despesas de final de ano; gastos extras podem surgir no meio do caminho. Não se deixe levar pelo excesso de bebidas ou alimentos, já que seu corpo poderá se ressentir; vá com calma.

De 21 a 31 de dezembro: Estes dias podem ser marcados por decepções ou desilusões que uma hora ou outra iriam surgir. Isso pode ter ocorrido em função das altas expectativas ou de um entusiasmo momentâneo de sua parte. É hora de colocar os pés no chão e se contentar com aquilo que estiver realmente ao seu alcance.

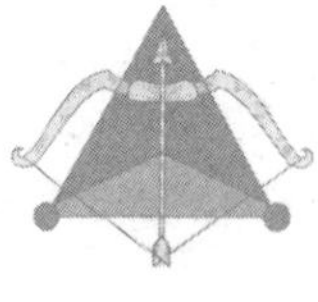

CAPRICÓRNIO **22 de dezembro – 20 de janeiro**

EU CONQUISTO
PLANETA REGENTE: Saturno
ELEMENTO: Terra
QUALIDADE: Cardinal
PEDRAS DE PROTEÇÃO: Magnetita e ônix

De 1º a 10 de janeiro: O Sol está agora em sua primeira casa, manifestando mais ânimo, vitalidade e capacidade de dirigir sua vida com escolhas acertadas. Momento propício para reencontrar pessoas de mais sabedoria e experiência, que poderão orientá-lo positivamente.

De 11 a 20 de janeiro: Marte faz trígono com Saturno, seu regente solar, e essa configuração planetária sinaliza grande força interna, resiliência e perseverança em suas realizações. Bom período para fazer viagens rápidas de lazer e ver amigos com os quais você tem grande afinidade.

De 21 a 31 de janeiro: O planeta Mercúrio recebe aspectos de Urano, Netuno e Plutão, o que promete muita movimentação na vida social e trocas de conhecimento, em momentos de cumplicidade que animarão seu espírito. O Sol em trígono com Júpiter traz um ciclo de expansão no trabalho; aproveite bem.

De 1º a 10 de fevereiro: Mercúrio em Aquário faz trígono com Júpiter em Gêmeos, vindo a beneficiar seus projetos, que receberão o apoio de colegas de trabalho para ajudá-lo a tocá-los adiante. Período favorável para fazer investimentos de médio prazo.

De 11 a 20 de fevereiro: Urano recebe aspectos difíceis do Sol e de Mercúrio neste ciclo. As demandas e imprevistos do cotidiano podem deixá-lo irritado e contrariado, pois vão alterar sua rotina. Evite palavras muito ríspidas e controle seu humor para não dificultar ainda mais as coisas.

De 21 a 28 de fevereiro: Os desafios do ciclo anterior agora poderão ser dissipados, mas ainda exigirão de você tolerância e empatia. Devem surgir propostas de parcerias interessantes; estude-as com atenção, pois podem dar bons resultados.

De 1º a 10 de março: O Sol em Peixes faz trígono com Marte em Câncer, tornando este ciclo muito rico no relacionamento com irmãos, pois a comunicação fluirá bem e animada. Bom momento para planejar melhor sua vida financeira, evitando assim despesas inesperadas.

De 11 a 20 de março: Eficiência e produtividade são a promessa do Sol em conjunção com Saturno, que por sua vez faz sextil com Urano. Agora você já é capaz de conciliar sabedoria e inovação, razão e intuição. Ótimo período também para o relacionamento com crianças, jovens ou filhos.

De 21 a 31 de março: O Sol e Mercúrio fazem sextil com Plutão em Aquário. Sua presença de espírito e eloquência serão determinantes nesta fase. Divulgue mais seu trabalho e talentos nas redes sociais, investindo em sua imagem para atrair oportunidades de crescimento profissional.

De 1º a 10 de abril: Urano está em Touro e recebe bons aspectos, enfatizando sua autonomia e criatividade, e renovando os relacionamentos. Vênus em Peixes em trígono com Marte em Câncer sinaliza um bom momento para observar seus sonhos e conhecer sua vida inconsciente.

De 11 a 20 de abril: O Sol em ângulo tenso com Marte está demandando mais tolerância e paciência, especialmente no contexto familiar; não espere que todos pensem como você. A Lua Cheia também transita em sua décima casa, propiciado mais visibilidade na vida profissional.

De 21 a 30 de abril: Neste momento, as demandas astrológicas giram em torno de você ter mais cuidado com a vida financeira. Gastos excessivos, mesmo que não façam parte da rotina, podem desorganizar o orçamento. É melhor puxar o freio de mão e esperar.

De 1º a 10 de maio: Netuno e Vênus estão juntos no signo de Áries, que pertence ao elemento Fogo. Trata-se de um ciclo de mais energia e desejos na vida amorosa. Sua imaginação estará mais fértil e seu romantismo, a mil por hora. Não espere relacionamentos muito longos, pois, apesar de intenso, tudo será momentâneo.

De 11 a 20 de maio: Este ciclo é sem dúvida a continuidade do anterior: auspicioso para romances inesperados, em que tudo é mágico, vibrante e colorido. Mercúrio em tensão com Plutão demanda cuidados e parcimônia com gastos feitos por impulso.

De 21 a 31 de maio: Sol faz sextil com Netuno, mostrando que conhecimentos de ordem mística ou espiritual podem abrir sua mente para outros níveis de compreensão da existência. Ótimo período para viagens rápidas, se possível, próximo à natureza, para purificar a mente e o corpo.

De 1º a 10 de junho: Sol e Mercúrio estão próximos no signo de Gêmeos, e o planeta da comunicação faz sextil com Marte em Leão. Você agora tem mais segurança e foco para tomar decisões acertadas, que pressupõem êxito em assuntos relacionados ao patrimônio familiar.

De 11 a 20 de junho: Ao contrário do ciclo anterior, neste momento é preciso ter mais cautela com palavras, acordos e compromissos em geral. Não assine documentos sem saber do que se trata nem faça investimentos arriscados ou gastos desnecessários.

De 21 a 30 de junho: No céu estelar, Sol faz conjunção com Júpiter e sextil com Marte. A vontade de realizar e seguir em frente prevalece contra qualquer adversidade. Ainda que haja contratempos, tenha certeza de que boas notícias estão a caminho e vão surpreendê-lo.

De 1º a 10 de julho: Vênus em Gêmeos interage positivamente com Urano, Netuno e Plutão. Ocupando a sexta casa, essa configuração se traduz em habilidades diplomáticas para pendências no trabalho e na capacidade de organizar a vida financeira e também de fazer bons investimentos.

De 11 a 20 de julho: A Lua está em sua fase Cheia no signo de Capricórnio, fazendo oposição ao Sol e a Júpiter, que estão em Câncer. Momento instigante para buscar equilíbrio entre a razão e os sentimentos, sabendo que essas duas instâncias devem ser levadas em conta em suas decisões.

De 21 a 31 de julho: Saturno e Sol estão em trígono no céu, propiciando-lhe mais sabedoria e confiança para assumir compromissos de longo prazo. Ótimo período para tratar de assuntos patrimoniais, bens imóveis e tudo o que se referir a sua segurança e a da sua família.

De 1º a 10 de agosto: Mercúrio e Sol estão no signo de Leão, também evidenciando um ciclo favorável para investimentos; use a intuição para obter bons resultados. Marte em trígono com Urano sinaliza dinamismo, coragem e presença de espírito para levar adiante seus projetos na área profissional.

De 11 a 20 de agosto: Plutão em Aquário faz trígono com Marte em Libra, continuando a estimular a vida financeira, aproveite as oportunidades que surgirem.

Não vão lhe faltar astúcia e ousadia para chegar aonde deseja; não tenha receio da opinião alheia, pois o sucesso às vezes incomoda.

De 21 a 31 de agosto: Vênus faz sextil com Urano e trígono com Netuno. Essa configuração planetária representa a capacidade de olhar de maneira mais abrangente o ambiente de trabalho. Essa visão lhe permitirá fazer voos mais altos e criativos em suas realizações.

De 1º a 10 de setembro: Ao longo de todo este mês, há um trígono entre Urano em Gêmeos e Plutão em Aquário no céu. Nesse cenário astrológico, você poderá se ver em meio a um processo de inovação e autonomia profissional, atuando assim de forma mais criativa, livre e independente. Aproveite!

De 11 a 20 de setembro: Júpiter faz sextil com Mercúrio e o Sol, que estão em Virgem, facilitando assim os assuntos de natureza jurídica em geral. Sua confiança e otimismo serão determinantes no bom andamento dos assuntos, bem como a capacidade de dialogar com mais clareza e objetividade.

De 21 a 30 de setembro: Este período sinaliza certa tendência a atritos e imprevistos na vida sentimental. Deixe a crítica excessiva de lado, sabendo respeitar as limitações do outro; afinal, ninguém é perfeito. Cuide mais da alimentação.

De 1º a 10 de outubro: Vênus em Virgem e Júpiter em Câncer fazem um ângulo harmonioso entre si. Você poderá dissipar os conflitos do ciclo anterior, pois sua natureza generosa ficará em evidência, facilitando o entendimento e o equilíbrio em todas as suas relações.

De 11 a 20 de outubro: Ressentimentos e mágoas em relação à pessoa amada teimam em voltar a mexer com sua autoestima. Tudo poderá ser superado com uma conversa objetiva. Não permita que fantasias negativas tomem conta de sua mente.

De 21 a 31 de outubro: Mercúrio e Júpiter em ângulo positivo sinalizam a oportunidade de encontrar amigos que realmente gostam de você, e trocar planos com eles ou mesmo programar uma viagem. Marte faz trígono com Júpiter e Saturno, apresentando um ciclo de maturidade emocional muito significativo.

De 1º a 10 de novembro: Procure não se exaltar caso surjam imprevistos com aparelhos eletrônicos, como *tablets*, celular, TV etc. Faça um *backup* de tudo por precaução.

Fuja também de gastos feitos por impulso com bens supérfluos que só vão atrapalhar suas finanças no final do mês.

De 11 a 20 de novembro: Mercúrio faz conjunção com Marte em Sagitário, mostrando sua habilidade em seguir com seus propósitos e valores pessoais sem abrir mão deles. O Sol em trígono com Saturno evidencia a possibilidade de você assumir mais responsabilidades e executá-las com perseverança e disciplina.

De 21 a 30 de novembro: A vida social continua intensa; ciclo auspicioso para divulgar seu trabalho e interagir mais nas redes sociais. O Sol em trígono com Netuno pode ativar encontros com pessoas espiritualizadas e sábias, que terão muito a lhe ensinar.

De 1º a 10 de dezembro: O planeta Mercúrio voltou ao movimento direto, reforçando as características astrológicas do ciclo anterior. A Lua Cheia em Gêmeos acentua sua curiosidade, que pode ser atendida por bons seminários e palestras, ou tudo o que amplie seus conhecimentos.

De 11 a 20 de dezembro: Este período vai demandar cuidados maiores com a saúde; você pode estar com baixa imunidade. Exercite-se, tome sol e ingira alimentos energéticos, evitando os processados e as bebidas alcoólicas.

De 21 a 31 de dezembro: Decepções na vida amorosa poderão deixá-lo abatido e menos confiante na vida. Seu grande aprendizado agora vem a ser este: não crie expectativas altas demais e exercite o discernimento. O autoengano faz parte da natureza humana; tudo isso vai passar.

AQUÁRIO — **21 de janeiro – 19 de fevereiro**

EU CONHEÇO — PLANETA REGENTE: Urano

ELEMENTO: Ar — QUALIDADE: Fixo

PEDRAS DE PROTEÇÃO: Fluorita e sodalita

De 1º a 10 de janeiro: Nestes dias, você poderá reencontrar alguém especial do passado, e os sinos da paixão podem tocar novamente. No entanto, não é a hora de fazer castelos de areia na praia, pois eles tendem a se desfazer. Preste mais atenção no amanhã!

De 11 a 20 de janeiro: Saturno em Peixes recebe aspectos positivos de Mercúrio em Marte neste ciclo, sendo-lhe favorável para manter os pés no chão quanto à organização das finanças, ou seja, as entradas e saídas. Sua autoestima em alta vai atrair oportunidades de trabalho interessantes.

De 21 a 31 de janeiro: Bom senso, discernimento e transparência fazem parte do que se entende por inteligência emocional. Não duvide de suas capacidades e procure estabelecer uma comunicação direta e objetiva com todos. Ótimo período para rever os bons amigos.

De 1º a 10 de fevereiro: Plutão faz sextil com Vênus em Áries, e esse aspecto está associado a mais presença de espírito e carisma em seu ambiente de trabalho. Sua eficiência e bom desempenho profissional serão valorizados e reconhecidos pelos colegas.

De 11 a 20 de fevereiro: A tendência à teimosia e à intransigência poderá prejudicar o convívio familiar. Deixe de lado as palavras ríspidas e ofensivas, que não acrescentarão nada de bom ao que já está difícil. Com diplomacia e tranquilidade, você conseguirá o que deseja.

De 21 a 28 de fevereiro: Mercúrio faz conjunção com Saturno em Peixes em sua terceira casa. Com essa configuração, você passa a se sentir mais responsável e satisfeito com as melhorias que tem feito no trabalho. Bons conselhos de pessoas experientes serão de grande valia para seu crescimento.

De 1º a 10 de março: O Sol faz trígono com Marte neste ciclo, dando-lhe mais energia e disposição física para tomar decisões relevantes em relação a sua saúde. Seu bem-estar depende de uma boa alimentação, mais exercícios físicos e de preferência caminhadas em dias de sol.

De 11 a 20 de março: O Sol faz sextil com Urano, que é seu regente solar, sinalizando um período auspicioso para renovar a casa, tornando-a mais aconchegante. Continue firme em suas atividades físicas, pois qualidade de vida é um bem precioso.

De 21 a 31 de março: O planeta Plutão está recebendo vários aspectos nesta fase, sendo o regente de sua décima casa. Assim sendo, você terá mais coragem e ousadia para suas ações, que incluem mudar os padrões de relacionamento na vida profissional.

De 1º a 10 de abril: Saturno faz sextil com Urano no céu estelar, e esse alinhamento é benéfico para inovar sua vida com mais segurança e disciplina. Não adie decisões nem abandone os projetos pessoais. Este ciclo traz tranquilidade para a vida amorosa.

De 11 a 20 de abril: O Sol em Áries em quadratura com Marte em Câncer pode trazer estresse ao âmbito familiar; evite julgamentos unilaterais ou preconceituosos que podem ferir quem você ama. O silêncio nesse tipo de situação acaba sendo a melhor resposta.

De 21 a 30 de abril: Uma oposição entre Marte em Leão e Plutão em Aquário indica predisposição a disputas e conflitos bem desgastantes na vida social. Siga sua orientação interna, sem ficar revidando inutilmente provocações, em uma atitude que não o levará a lugar nenhum.

De 1º a 10 de maio: Vênus está em conjunção com Netuno no signo de Áries – uma configuração que pode ser marcada por fortes impulsos amorosos, dando a este período um colorido especial. Deixe-se levar pela magia dos romances instantâneos, ainda que eles acabem com rapidez.

De 11 a 20 de maio: Urano e Sol estão em conjunção em Touro, podendo trazer situações inusitadas que vão alterar sua rotina. Fique atento às sincronicidades e ouça sua intuição para integrar possíveis novidades positivas à vida familiar.

De 21 a 31 de maio: Vênus em Áries faz trígono com Marte em Leão e continua dinamizando os assuntos do coração; romances e paixões estão em seu horizonte. O Sol na quinta casa ratifica essas possibilidades, favorecendo o lazer e entretenimentos culturais como *shows*, musicais, cinema etc.

De 1º a 10 de junho: Mercúrio e Sol estão em Gêmeos, o que significa mais alegria de viver, curiosidade e presença de espírito em sua forma de vibrar e de estar no mundo. A Lua em Leão está em fase Crescente, intensificando as parcerias e associações.

De 11 a 20 de junho: Procure não se deixar levar por sugestões equivocadas ou confusas na área financeira, evitando assim investimentos de risco. Fique mais atento com o excesso de alimentos processados e de carboidratos, optando por frutas, saladas e chás para purificar o organismo.

De 21 a 30 de junho: O Sol está ao lado de Júpiter, que é o regente da casa dos amigos e planos para o futuro; ele recebe também um sextil de Marte, facilitando os assuntos ligados à jurisprudência em geral. Seu otimismo influenciará positivamente aqueles que participam do seu dia a dia.

De 1º a 10 de julho: Vênus está em conjunção com Urano, mostrando um ciclo de energia vital e disposição para a vida social e amorosa. Permita-se ser conduzido por seus desejos, sem ficar preso demais a formalidades convencionais. Ou seja: mostre seus sentimentos se quiser conquistar alguém.

De 11 a 20 de julho: Mercúrio está em Leão em bom aspecto com Vênus em Gêmeos, ativando a vida social e sua curiosidade por situações inusitadas e estimulantes. Suas conexões agora acontecem de forma direta e espontânea, o que sempre faz bem para a alma.

De 21 a 31 de julho: O Sol faz sextil com Urano e trígono com Saturno, nos signos de Leão, Gêmeos e Áries, respectivamente. Esta fase é sem dúvida auspiciosa para tudo o que você pretender inovar e estruturar em sua vida. Sua coragem e autoconfiança serão determinantes nos empreendimentos.

De 1º a 10 de agosto: Excelente fase para otimizar seu repertório intelectual, estudando e reciclando conhecimentos. Urano em Gêmeos em trígono com Marte em Libra é um aviso de que, mesmo com o tempo escasso, é preciso fazer o que puder para alimentar seu espírito e ouvir sua intuição.

De 11 a 20 de agosto: Vênus em conjunção com Júpiter em Câncer o deixará inspirado e receptivo no ambiente de trabalho. Marte em trígono com Plutão em signos de Ar também aumentará sua habilidade de cooperar com todos e compartilhar experiências que serão transformadoras.

De 21 a 31 de agosto: O Sol em quadratura com Urano indica urgência em obter os resultados daquilo que você já semeou, mas lembre-se de que tudo tem o tempo certo para acontecer. Vênus e Netuno tornam este ciclo interessante para investir na vida cultural e artística; aproveite!

De 1º a 10 de setembro: Neste período, temos Júpiter em Câncer em tensão com Marte em Libra, podendo promover situações em que há pouca convergência de opiniões e valores, o que pode provocar discussões ou rupturas. Pratique a diplomacia ou o silêncio, o que for melhor para o momento.

De 11 a 20 de setembro: Urano em Gêmeos faz trígono com Plutão em Aquário durante todo o mês, tornando este ciclo excelente para tudo o que você quiser inovar ou transformar de maneira mais profunda. Júpiter recebe bons aspectos, confirmando essa postura otimista perante a vida.

De 21 a 30 de setembro: Você poderá vivenciar situações críticas, mesmo com a positividade do ciclo anterior. O Sol faz oposição a Netuno, e agora é preciso não se tornar refém de informações negativas ou distorcidas. Aja com discernimento caso seja necessário tomar alguma decisão imediata.

De 1º a 10 de outubro: Mercúrio está em tensão com Plutão no céu estelar. Neste ciclo, ainda pode haver divergências com pessoas próximas; as conversas tendem a ser improdutivas e sem objetividade. Assuntos de natureza jurídica também não trarão os resultados esperados.

De 11 a 20 de outubro: Vênus faz oposição a Saturno em Netuno neste período. Procure não se deixar abater por assuntos amorosos mal resolvidos do passado, pois o que vale é o aqui e agora. Saiba se preservar, entendendo que amor-próprio é o que de fato importa nos relacionamentos em geral.

De 21 a 31 de outubro: Mercúrio caminha entre os signos de Escorpião e Sagitário, e assim vai fazendo um bom diálogo com Júpiter, Netuno e Plutão. Sua atitude otimista e positiva, em reflexo, vai delineando a realidade de maneira mais criativa e definitiva.

De 1º a 10 de novembro: Neste período, pode haver contratempos que dificultarão o equilíbrio entre a vida pessoal e a profissional. Com jogo de cintura e inteligência, você saberá contornar essas adversidades. É aconselhável desacelerar o ritmo e controlar a ansiedade.

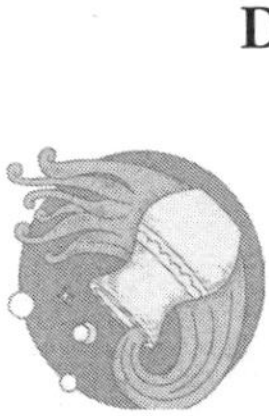

De 11 a 20 de novembro: O final de ano se aproxima, e você poderá avaliar melhor suas realizações no âmbito profissional. O Sol em trígono com Saturno traz a sensação de dever cumprido, aumentando sua autoestima. Perseverança e disciplina foram a matéria-prima para chegar aonde desejava.

De 21 a 30 de novembro: Mercúrio em Escorpião faz trígono com Júpiter em Câncer e com Saturno em Peixes, todos signos do elemento Água. Trata-se de um momento prazeroso para reencontrar bons amigos, trocar lembranças ou falar de novas habilidades adquiridas que você deve valorizar para si mesmo.

De 1º a 10 de dezembro: Mercúrio voltou ao movimento direto e agora repete os movimentos do ciclo anterior. Urano faz sextil com Netuno, e essa configuração sinaliza interesses de natureza espiritual ou filosófica, que promoverão seu autoconhecimento e evolução pessoal.

De 11 a 20 de dezembro: Agora, com Marte em quadratura com Netuno, você vai precisar se proteger energeticamente de notícias ou pessoas negativas que afetem sua psique e seu corpo. Fique atento à alimentação, evitando os processados e as bebidas alcoólicas; fuja também da automedicação.

De 21 a 31 de dezembro: Nesta fase ainda permanece a demanda por mais cuidados em relação a tudo o que você coloca dentro de seu corpo. Procure a companhia de pessoas que realmente gostam de você para passar o final de ano, evitando situações confusas ou de tumulto.

PEIXES — **20 de fevereiro – 20 de março**

EU CREIO — PLANETA REGENTE: Netuno

ELEMENTO: Água — QUALIDADE: Mutável

PEDRAS DE PROTEÇÃO: Água-marinha e turquesa

De 1º a 10 de janeiro: Neste momento, é possível que alguns aspectos de sua vida profissional estejam indefinidos. Caso se sinta em dúvida com relação aos próximos empreendimentos, não tome nenhuma decisão, uma vez que o tempo trará as respostas necessárias.

De 11 a 20 de janeiro: O Sol em Capricórnio faz trígono com Urano em Touro nestes dias. Você terá oportunidade de inovar seus projetos de acordo com os novos conhecimentos que adquiriu. Continue nesse movimento de aprendizado, que é essencial ao seu desenvolvimento pessoal e profissional.

De 21 a 31 de janeiro: O Sol em Aquário em bom aspecto com Júpiter em Gêmeos torna este ciclo favorável para lidar com assuntos domésticos, bens e o patrimônio familiar. Você poderá ter êxito e o auxílio de profissionais da área do direito para orientá-lo a fazer boas negociações.

De 1º a 10 de fevereiro: Mercúrio e Júpiter bem alinhados estimulam seu intelecto, e sua presença de espírito vai tornar mais fácil assumir compromissos ou ter êxito nos negócios. Vênus em sextil com Plutão torna esta fase propícia para planejar a vida financeira.

De 11 a 20 de fevereiro: Sol e Mercúrio em Aquário fazem quadratura com Urano em Touro, sinalizando um ciclo marcado por imprevistos e atitudes precipitadas. O melhor será se abastecer internamente de mais paciência e perseverança, pois tudo se resolverá na hora mais adequada.

De 21 a 28 de fevereiro: A Lua Crescente em Sagitário vai iluminar sua décima casa, propiciando encontros e novidades na área profissional. Mercúrio em Peixes faz trígono com Marte em Câncer, evidenciando mais maturidade emocional, o que favorecerá sua interação social.

De 1º a 10 de março: Mercúrio e Netuno estão em Peixes, sinalizando muita imaginação, sensibilidade e intuição. Assuntos místicos ou espirituais tendem a ter destaque em seu cotidiano. Ótimo período para meditar, fazer trabalhos humanitários e tratamentos complementares ou holísticos.

De 11 a 20 de março: Mercúrio e Vênus estão em Áries e ocupam a sua segunda casa, chamando sua atenção para assuntos financeiros, como investimentos ou a compra e venda de imóveis. Bom ciclo para viagens curtas a lugares ainda desconhecidos, ao lado de boas companhias.

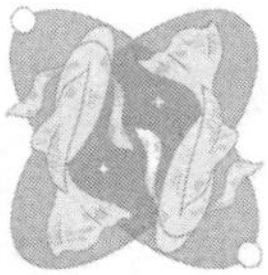

De 21 a 31 de março: O Sol se junta a Vênus e Mercúrio em Áries, fazendo sextil com Plutão em Aquário. Essa configuração vai estimular contatos e interesses no estrangeiro, tornando o momento propício para planejar viagens ou estudos fora do país.

De 1º a 10 de abril: Saturno, Mercúrio e Vênus em Peixes fazem bons ângulos com Urano em Touro, fazendo deste ciclo um período bem positivo para estudar, pesquisar temas de seu interesse e participar de seminários interessantes. O estímulo intelectual vai ampliar sua visão de mundo.

De 11 a 20 de abril: O Sol em Áries faz quadratura com Marte em Câncer, ambos em signos cardinais. Há certa tendência a discussões infrutíferas, em que a disputa pela verdade vai se sobrepondo ao bom senso. Não leve nada para o lado pessoal, pacificando assim os relacionamentos.

De 21 a 30 de abril: Marte e Sol fazem um ângulo difícil com Plutão, criando um clima de animosidade que ainda não foi superado, com impulsos de intolerância bem evidentes. Sem paciência e diplomacia você não encontrará meios de superar esses conflitos.

De 1º a 10 de maio: Neste ciclo, um sextil entre Júpiter em Gêmeos e Mercúrio em Áries cria condições de mais harmonia em relação ao ciclo anterior. O entendimento e a comunicação daquilo que deseja expressar ficarão claros, e as dúvidas e confusões vão se dissipando.

De 11 a 20 de maio: Urano e o Sol juntos fazem um ângulo positivo com Saturno em Peixes. Momento adequado para planejar melhorias em sua casa, e os assuntos patrimoniais também estão favorecidos. Sua perseverança vai ajudá-lo bastante na concretização de metas de médio e longo prazos.

De 21 a 31 de maio: Plutão e Mercúrio em trígono podem auxiliá-lo a fazer bons negócios e investimentos financeiros. Na vida amorosa, Vênus em Áries e Marte em Leão abrem os caminhos do coração para você viver uma paixão intensa, porém breve!

De 1º a 10 de junho: Mercúrio em Gêmeos e Marte em Libra ampliam sua capacidade intelectual para decisões rápidas e assertivas no trabalho. Você poderá atrair oportunidades para exercer uma liderança natural em relação àqueles com os quais convive diariamente.

De 11 a 20 de junho: A Lua Cheia em Sagitário vai dinamizar a vida profissional; use sua criatividade e intuição para criar um ambiente mais positivo e participativo. De qualquer forma, não se deixe levar por vaidades e idealizações excessivas; mantenha os pés no chão.

De 21 a 30 de junho: O Sol em conjunção com Júpiter em Câncer segue favorecendo as características do ciclo anterior. Você vai expandir seus interesses e atrair oportunidades interessantes com seu altruísmo e generosidade. Na vida amorosa, tudo vai muito bem.

De 1º a 10 de julho: Vênus está aspectando Netuno e Plutão, e mostra mais motivação na vida amorosa; aproveite, pois o romantismo nunca fez mal a ninguém. O contato com pessoas no estrangeiro será estimulante e transformador em sua compreensão da natureza humana.

De 11 a 20 de julho: A Lua Cheia em Capricórnio está iluminado sua casa dos amigos nestes dias. E o céu nos apresenta Mercúrio em sextil com Vênus, o que ratifica a promessa de intensificação na vida social, com interesses diversificados e mais prazerosos.

De 21 a 31 de julho: Podem surgir divergências no ambiente de trabalho, criando ressentimentos, pois você não obterá o reconhecimento que desejava. Foque menos no problema, visualizando a solução e os recursos que tem para resolver tudo da melhor forma possível.

De 1º a 10 de agosto: Urano, o planeta associado às mudanças, por vezes inevitáveis, faz um trígono com Marte em Libra. Seu espírito de cooperação e mediação fará toda a diferença para colocar foco e objetividade nas inovações que já estão a caminho.

De 11 a 20 de agosto: Marte está em trígono com Plutão, tornando o ciclo auspicioso para descobrir seus

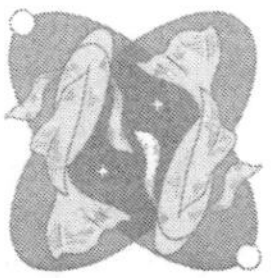

talentos e encaminhar soluções positivas no trabalho. Mercúrio, agora em movimento direto, facilita a comunicação e os acordos para você fechar bons negócios.

De 21 a 31 de agosto: Seu sucesso e competência podem incomodar aqueles que fingem apoiá-lo. Fique atento a isso, sem comentar suas intenções antes de colocá-las em prática. Tome mais cuidado com o excesso de alimentação processada e carboidratos.

De 1º a 10 de setembro: Nesta fase, o céu estelar vai demandar bastante cuidado com as palavras e as críticas exageradas acerca de tudo e todos. Não fique suscetível às divergências de opiniões, afinal, pensar diferente faz parte de uma interação social mais saudável e criativa.

De 11 a 20 de setembro: Os bons aspectos de Sol e Mercúrio em Virgem com Júpiter em Câncer vão trazer o bom senso da justiça que você espera nos relacionamentos. Ótimo ciclo para cuidados com a saúde e o bem-estar; exercite-se mais neste início de primavera.

De 21 a 30 de setembro: Urano em Gêmeos está em trígono com Plutão em Aquário desde o início do mês, e agora atua de maneira positiva, solucionando possíveis desilusões na vida pessoal. Siga em frente sem receio das mudanças que estão por vir.

De 1º a 10 de outubro: Júpiter em sextil com Vênus aumenta sua autoestima e sinaliza a possibilidade de você conhecer alguém interessante, que corresponda às suas expectativas amorosas. Não recuse convites para sair nem leve consigo as lembranças do passado; viva o aqui e agora.

De 11 a 20 de outubro: Urano faz sextil com Netuno nestes dias, e isso reverbera positivamente na vida familiar. Conflitos podem ser dissipados se você conseguir superar antigas mágoas. Ótimo período para dietas de desintoxicação à base de chás e outros líquidos, além de frutas da estação.

De 21 a 31 de outubro: O céu planetário nos mostra um trígono entre Marte, Júpiter e Saturno, que estão em

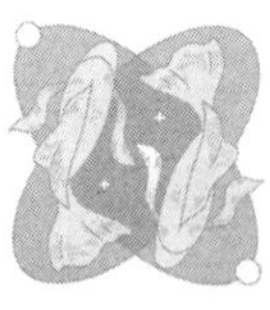

Escorpião, Câncer e Peixes, respectivamente, atuando de modo positivo na casa do trabalho e trazendo o reconhecimento de seus esforços ao lhe ofertar melhores condições de ganhos materiais.

De 1º a 10 de novembro: Marte em oposição a Urano indica irritabilidade e tensão no âmbito profissional, podendo afetar até o convívio familiar. Não tome decisões precipitadas, pois o momento demanda diplomacia e certa dose de humildade. Tudo será passageiro.

De 11 a 20 de novembro: Saturno em Peixes e o Sol em Escorpião estão em harmonia, e essa configuração planetária favorece o encontro com pessoas que possuam mais sabedoria e experiência de vida. Agora você já pode assumir compromissos de longo prazo com mais segurança.

De 21 a 30 de novembro: As adversidades do ciclo inicial do mês estão se dissolvendo; os esclarecimentos vão chegar naturalmente. Sol e Sagitário em sextil com Plutão mostram um momento em que você terá mais consciência de seu poder pessoal para seguir em frente com suas realizações.

De 1º a 10 de dezembro: Ótimos aspectos de Saturno e Júpiter com Mercúrio em Escorpião mostram mais sensibilidade, compreensão e boa vontade nos relacionamentos em geral. Seu altruísmo e generosidade vão pavimentar caminhos mais felizes em sua evolução espiritual.

De 11 a 20 de dezembro: O excesso de trabalho e as responsabilidades do período atual podem deixá-lo estressado; melhor seria delegar parte de tudo isso a pessoas de sua confiança. Procure reorganizar a rotina e os horários, cuidar mais de você, tomar sol, fazer caminhadas e manter um ritmo de mais horas de sono.

De 21 a 31 de dezembro: Vários aspectos de tensão com Netuno podem gerar decepções com pessoas queridas e gerar ressentimentos. A sensação de que nem tudo que reluz é ouro pode abalar suas convicções. Mantenha-se firme em seus valores e procure a proximidade daqueles que de fato o amam.

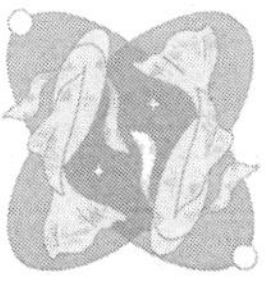

Descubra o seu Ascendente

O signo solar representa o potencial de nossa vida. Saber isso, no entanto, não basta. Para termos uma visão completa das possibilidades com que os astros nos acenam, precisamos levar em conta todo o Sistema Solar, tal como ele se apresenta no mapa astral. Talvez o Sol seja o corpo celeste mais importante na Astrologia, pois ele mostra nossa personalidade mais profunda; no entanto, é imprescindível conhecer o signo que, na hora e no local do nosso nascimento, despontava no horizonte leste. Esse é o signo Ascendente, que determinará o "horizonte" pessoal, ou seja, nosso ponto de vista particular com relação à vida.

A seguir serão apresentadas tabelas práticas e fáceis com as quais você poderá descobrir, *com precisão relativa*, qual é o seu Ascendente. Caso o Ascendente indicado na tabela não corresponda muito bem à sua personalidade, verifique também os signos imediatamente anterior e posterior.

Como usar as tabelas

❶ Descubra na Tabela 1 se você nasceu no horário de verão. Nesse caso, subtraia 1 hora do horário do seu nascimento.

❷ De acordo com o Estado em que você nasceu, some ou subtraia do horário do seu nascimento o número indicado na coluna de correção de horário constante da Tabela 2.

❸ Consulte a Tabela 3 caso você tenha nascido no período diurno, ou a Tabela 4, caso seu nascimento tenha ocorrido no período noturno.

❹ Encontre seu signo solar na primeira coluna.

❺ Siga pela linha do seu signo solar até a coluna que apresenta a hora aproximada do seu nascimento.

TABELA 1
Períodos em que o horário de verão foi adotado
03 out. 31, às 11h00 a 31 mar. 32, às 24h00
03 out. 32, às 23h00 a 31 mar. 33, às 24h00
01 dez. 49, à 00h00 a 16 abr 50, às 24h00
01 dez. 50, à 00h00 a 28 fev. 51, às 24h00
01 dez. 51, à 00h00 a 28 fev. 52, às 24h00
01 dez. 52, à 00h00 a 28 fev. 53, às 24h00
23 out. 63, à 00h00 a 01 mar. 64, às 24h00[(1)]
09 dez. 63, à 00h00 a 01 mar. 64, às 24h00[(2)]
31 jan. 65, à 00h00 a 31 mar. 65, às 24h00
30 nov. 65, à 00h00 a 31 mar. 66, às 24h00
01 nov. 66, à 00h00 a 01 mar. 67, às 24h00
01 nov. 67, à 00h00 a 01 mar. 68, às 24h00
02 nov. 85, à 00h00 a 15 mar. 86, às 24h00
24 out. 86, à 00h00 a 14 fev. 87, às 24h00
25 out. 87, à 00h00 a 07 fev. 88, às 24h00
16 out. 88, à 00h00 a 29 jan. 89, às 24h00
15 out. 89, à 00h00 a 11 fev. 90, às 24h00
21 out. 90, à 00h00 a 17 fev. 91, às 24h00
20 out. 91, à 00h00 a 19 fev. 92, às 24h00
25 out. 92, à 00h00 a 31 jan. 93, às 24h00
17 out. 93, à 00h00 a 20 fev. 94, às 24h00
16 out. 94, à 00h00 a 19 fev. 95, às 24h00
15 out. 95, à 00h00 a 11 fev. 96, às 24h00
06 out. 96, à 00h00 a 16 fev. 97, às 24h00
06 out. 97, à 00h00 a 01 mar. 98, às 24h00
11 out. 98, à 00h00 a 21 fev. 99, às 24h00
03 out. 99, à 00h00 a 27 fev. 00, às 24h00
08 out. 00, à 00h00 a 18 fev. 01, às 24h00
14 out. 01, à 00h00 a 17 fev. 02, às 24h00
03 nov. 02, à 00h00 a 16 fev. 03, às 24h00
18 out. 03, à 00h00 a 14 fev. 04, às 24h00
02 nov. 04, à 00h00 a 20 fev. 05, às 24h00
16 out. 05, à 00h00 a 18 fev. 06, às 24h00
05 nov. 06, à 00h00 a 24 fev. 07, às 24h00
14 out. 07, à 00h00 a 17 fev. 08, às 24h00
18 out. 08, à 00h00 a 15 fev. 09, às 24h00
18 out. 09, à 00h00 a 21 fev. 10, às 24h00
17 out. 10, à 00h00 a 20 fev. 11, às 24h00
16 out. 11, à 00h00 a 26 fev. 12, às 24h00
21 out. 12, à 00h00 a 17 fev. 13, às 24h00
19 out. 13, à 00h00 a 16 fev. 14, às 24h00
18 out. 14, à 00h00 a 22 fev. 15, às 24h00
18 out. 15, à 00h00 a 21 fev. 16, às 24h00
16 out. 16, à 00h00 a 19 fev. 17, às 24h00
15 out. 17, à 00h00 a 18 fev. 18, às 24h00
21 out. 18, à 00h00 a 17 fev. 19, às 24h00

[(1)] Só SP, MG, RJ e ES.
[(2)] Todos os demais Estados.

TABELA 2		
Estados	**Correção**	**Latitude**
Acre	+ 29 min	10 graus
Alagoas	+ 37 min	9 graus
Amapá	– 24 min	0 graus (Equador)
Amazonas	–	3 graus
Bahia	+ 26 min	13 graus
Ceará	+ 26 min	3 graus
Distrito Federal	– 12 min	15 graus
Espírito Santo	+ 19 min	20 graus
Goiás	– 17 min	16 graus
Maranhão	+ 3 min	3 graus
Mato Grosso	+ 16 min	15 graus
Minas Gerais	+ 4 min	19 graus
Pará	– 14 min	2 graus
Paraíba	+ 40 min	7 graus
Paraná	– 17 min	25 graus
Pernambuco	+ 40 min	8 graus
Piauí	+ 9 min	5 graus
Rio Grande do Norte	+ 39 min	5 graus
Rio Grande do Sul	– 25 min	30 graus
Rio de Janeiro	+ 7 min	23 graus
Rondônia	– 3 min	9 graus
Roraima	– 16 min	3 graus (N)
Santa Catarina	– 14 min	28 graus
São Paulo	– 6 min	23 graus
Sergipe	+ 32 min	10 graus
Tocantins	– 17 min	10 graus

TABELA 3 – HORÁRIO DIURNO

Seu signo solar	6h31/8h30	8h31/10h30	10h31/12h30	12h31/14h30	14h31/16h30	16h31/18h30
Áries	Touro	Gêmeos	Câncer	Leão	Virgem	Libra
Touro	Gêmeos	Câncer	Leão	Virgem	Libra	Escorpião
Gêmeos	Câncer	Leão	Virgem	Libra	Escorpião	Sagitário
Câncer	Leão	Virgem	Libra	Escorpião	Sagitário	Capricórnio
Leão	Virgem	Libra	Escorpião	Sagitário	Capricórnio	Aquário
Virgem	Libra	Escorpião	Sagitário	Capricórnio	Aquário	Peixes
Libra	Escorpião	Sagitário	Capricórnio	Aquário	Peixes	Áries
Escorpião	Sagitário	Capricórnio	Aquário	Peixes	Áries	Touro
Sagitário	Capricórnio	Aquário	Peixes	Áries	Touro	Gêmeos
Capricórnio	Aquário	Peixes	Áries	Touro	Gêmeos	Câncer
Aquário	Peixes	Áries	Touro	Gêmeos	Câncer	Leão
Peixes	Áries	Touro	Gêmeos	Câncer	Leão	Virgem

TABELA 4 – HORÁRIO NORTURNO

Seu signo solar	18h31/20h30	20h31/22h30	22h31/00h30	00h31/2h30	2h31/4h30	4h31/6h30
Áries	Escorpião	Sagitário	Capricórnio	Aquário	Peixes	Áries
Touro	Sagitário	Capricórnio	Aquário	Peixes	Áries	Touro
Gêmeos	Capricórnio	Aquário	Peixes	Áries	Touro	Gêmeos
Câncer	Aquário	Peixes	Áries	Touro	Gêmeos	Câncer
Leão	Peixes	Áries	Touro	Gêmeos	Câncer	Leão
Virgem	Áries	Touro	Gêmeos	Câncer	Leão	Virgem
Libra	Touro	Gêmeos	Câncer	Leão	Virgem	Libra
Escorpião	Gêmeos	Câncer	Leão	Virgem	Libra	Escorpião
Sagitário	Câncer	Leão	Virgem	Libra	Escorpião	Sagitário
Capricórnio	Leão	Virgem	Libra	Escorpião	Sagitário	Capricórnio
Aquário	Virgem	Libra	Escorpião	Sagitário	Capricórnio	Aquário
Peixes	Libra	Escorpião	Sagitário	Capricórnio	Aquário	Peixes

GUIA ASTRAL PARA 2025

As informações a seguir se referem aos aspectos que o Sol, a Lua e os planetas formam entre si diariamente. Para melhor aproveitamento dessas informações, verifique na seção "Regências planetárias", na p. 157, a relação de planetas, atividades e assuntos que são regidos por eles.

Aqui são observados e interpretados os trânsitos da Lua, que se move rapidamente, e dos demais planetas em um único dia. Esse fato faz com que as interpretações deste *Guia* e das previsões astrológicas por vezes pareçam contraditórias entre si; no entanto, elas são complementares.

JANEIRO

1º Começamos o ano com uma bela Lua Nova em Capricórnio, trazendo força e determinação para nos engajarmos em nossos objetivos de vida, mudando a realidade para melhor. **Favorável para Sol e Plutão.**

2 Sinta a influência do elemento Ar renovando os pensamentos, ampliando os horizontes e promovendo conexões mais leves e com propósitos elevados. Invista em amizades e alianças. **Favorável para Júpiter.**

3 Lua e Vênus em conjunção estimulam encontros nos quais é possível se abrir, dialogar e se entender. Lilith em Libra nos lembra de que o respeito e a convergência de ideias fortalecem relações verdadeiras. **Favorável para Vênus e Lilith.**

4 Dedicar-se fielmente a uma relação pode exigir certo grau de esforço e concessões; observe como você vem tratando as pessoas que realmente importam, pois a renúncia de hoje pode ser a felicidade de amanhã. **Favorável para Sol e Saturno.**

5 Sentir e perceber as próprias emoções é um exercício de muita presença, para o qual às vezes é necessário pausar e silenciar. Procure se concentrar um pouco mais em si mesmo, reconhecendo sua voz interior. **Favorável para Sol e Netuno.**

6 Um impulso mais animado promete movimentar o dia, pedindo mais atitude para realizarmos aquilo que já está ao nosso alcance. Bom momento para iniciar um projeto pessoal, praticar esportes e se aventurar. **Favorável para Mercúrio e Júpiter.**

7 A mente agitada com muitas ideias pode trazer uma sensação de urgência em relação a algum tema que precisa ser resolvido. Procure fazer um registro desses pensamentos para colocá-los em prática no momento certo. **Favorável para Mercúrio.**

8 Estabilidade e harmonia são conquistas que chegam depois de certo esforço em percorrer o caminho correto. Se há algo a ser corrigido, não hesite em fazer o que sua consciência aponta. **Favorável para Sol e Saturno.**

9 Imprevistos, mudanças de plano e surpresas pelo caminho são as promessas deste dia. Procure manter a mente flexível para ajustar sua programação, sem perder o foco nem a gentileza. **Favorável para Urano e Netuno.**

10 Ótimo dia para encontros de toda ordem, especialmente para fechar negócios e reunir pessoas com um mesmo objetivo. Mantenha a simpatia e escute mais as pessoas. **Favorável para Júpiter e Plutão.**

11 Há quanto tempo você não experimenta algo novo? Não se preocupe com o resultado, pois pode ser muito agradável testar algo diferente, mesmo que seja apenas pela diversão de saber como é. **Desfavorável para Saturno.**

12 Há muita sensibilidade no ar no dia de hoje para perceber as próprias emoções e vivenciar os laços que nos nutrem de afeto e carinho. Esteja receptivo e não tenha medo de demonstrar seus sentimentos. **Favorável para Vênus.**

13 Lua Cheia em Câncer é um período de emoções intensas, quando os sentimentos transbordam e nos deixamos levar pelo momento. Sonho e romantismo podem tornar este dia memorável; aproveite-o a dois. **Favorável para Vênus e Netuno.**

14 A criatividade é um recurso maravilhoso; com ela podemos transformar as situações e reinventar a realidade. Observe o que está pedindo coragem para ser recriado em sua vida. **Favorável para Plutão.**

15 Firmeza de caráter e capacidade de inspirar os outros com suas ideias favorecerão seu caminho profissional. Confie mais em si mesmo e comprometa-se com suas metas. **Favorável para Sol.**

16 Planejamento, organização e senso de responsabilidade fazem a diferença na hora de mostrar seu valor. Mantenha-se aberto a críticas e lembre-se de dialogar sempre. **Favorável para Mercúrio.**

17 Algumas situações podem ter se desgastado justamente por terem se tornado muito repetitivas. Quebre um pouco a rotina e invista em novos hábitos. **Favorável para Urano.**

18 Mesmo os planos mais bem-feitos às vezes precisam de ajustes, e isso não quer dizer que a visão original não era boa, mas sim que a vida nos convidou a ser flexíveis. Bom dia para contemplar a natureza e relaxar. **Favorável para o Sol.**

19 Diversão, encontros agradáveis e o entrelace de interesses afins é o que nos promete este dia com a fluência do elemento Ar. Aproveite as boas companhias. **Favorável para Júpiter e Plutão.**

20 Lua e Lilith pelo céu ensinam que nas relações é preciso haver reciprocidade, como uma dança a dois em que cada passo é seguido pelo movimento correspondente do outro, de forma harmônica e equilibrada. **Favorável para Lilith.**

21 Uma observação mais aguçada no dia de hoje nos ajudará a chegar ao ponto exato das situações que precisam de nossa intervenção. **Desfavorável para o Sol.**

22 Um trígono de Água pelo céu favorece a intuição, podendo trazer à tona revelações e conscientizações significativas na área dos relacionamentos. Não desqualifique o que você perceber. **Favorável para Plutão e Saturno.**

23 Abrir os olhos para reconhecer como temos nos comportado nos relacionamentos pode não ser muito agradável, mas é o caminho para relações mais profundas e significativas. **Favorável para Marte e Netuno.**

24 Você poderá tomar algumas resoluções neste período; atente para o futuro e onde gostaria de chegar. Mantenha a positividade e confie mais em si mesmo. **Favorável para Sol e Júpiter.**

25 Libertar-se de padrões negativos requer autoconfiança e certa dose de ousadia; não leve tudo tão a sério, pois a vida passa depressa. **Favorável para Júpiter e Plutão.**

26 Estamos na Lua balsâmica, o período curativo e transformador da lunação durante o qual poderemos absorver as lições das últimas quatro semanas. Desacelere e cuide mais de você. **Favorável para a Lua.**

27 Os compromissos aos quais nos dedicamos dizem muito a nosso respeito; observe com o que você tem se comprometido e se essas coisas realmente têm importância na sua vida no momento atual. Talvez esteja na hora de se desligar de certas responsabilidades. **Favorável para Saturno.**

28 Hoje o dia promove pensamentos mais profundos e avaliações honestas sobre nosso momento de vida; aproveite para reformular suas prioridades. **Favorável para Mercúrio e Plutão.**

29 A Lua Nova em Aquário abre uma temporada de mais liberdade e atualização da visão de mundo, acompanhando a chegada de outros tempos aos quais precisamos nos adaptar. Esteja disponível para novos aprendizados nas próximas semanas. **Favorável para Mercúrio e Plutão.**

30 Igualdade, respeito às diferenças e inclusão são as tônicas deste momento no mundo. Reconsidere seus conceitos se ainda tiver alguma reserva acerca desses temas. **Desfavorável para Marte.**

31 Observar as necessidades da coletividade e aderir a uma causa em favor dos menos favorecidos pode trazer mais sentido à nossa vida. Todos somos parte desse coletivo e encontrar um espaço para cooperar com o que sabemos fazer pode ser muito gratificante. **Favorável para Saturno.**

FEVEREIRO

1º Preencher os dias com mais cor e beleza traz alegria ao coração. Nem tudo precisa ser tão concreto; abra espaço para a imaginação em sua vida. **Favorável para Vênus e Netuno.**

2 Com coragem e ousadia, podemos abrir caminho para grandes vitórias. Perceba que hoje você já tem muito do que precisa para construir um futuro inspirador. **Favorável para Mercúrio e Plutão.**

3 Em outros tempos, uma situação difícil ou uma figura de autoridade impediram seus planos. Mas hoje você está em outras condições e é possível recuperar sua força e aplicá-la a seu favor. Acredite na sua capacidade. **Favorável para Quíron.**

4 Ótimo dia para estar em contato com a natureza, relaxar e sentir o próprio corpo. Invista no autocuidado e procure incluir pausas no dia a dia para poder se equilibrar e voltar ao seu centro. **Desfavorável para Mercúrio.**

5 Tenha sabedoria para lidar com os contratempos e atrasos deste dia. Lembre-se do padrão da água: ela tudo contorna sem, contudo, perder sua direção. Cultive a gentileza. **Favorável para Marte e Vênus.**

6 Grandes planos podem ser colocados em prática agora. Procure se cercar de pessoas que valorizem as mesmas coisas que você; com o apoio delas será mais fácil se dedicar aos seus planos. **Favorável para Mercúrio.**

7 Pensamentos agitados e certa inquietação poderão nos afetar neste dia. Para lidar com esse estímulo ofereça à mente mais conhecimento, entretenimento e boas conversas. **Favorável para Júpiter.**

8 Hoje pode ocorrer certa oscilação de humor; procure se acolher se estiver sentindo as emoções com mais intensidade. Algumas coisas não têm uma explicação lógica, mas nem por isso são desprovidas de sentido; com o tempo, tudo se revela. **Favorável para Saturno.**

9 O controle e a hipervigilância são armadilhas que, por um lado, nos fazem sentir importantes, enquanto por outro nos mantêm envolvidos em dramas intermináveis. Liberte-se dessa tendência. **Favorável para Urano.**

10 Importantes transformações estão em curso; algumas podem ter sido determinadas por circunstâncias externas e tivemos de nos adaptar a elas, mas é pelo amor que nos fortalecemos para sustentar os maiores ajustes deste momento. **Favorável para Plutão.**

11 A vida vem pedindo mais coragem e posicionamento. Mostre-se mais, apresente suas ideias e não deixe dúvida de tudo aquilo que é capaz de fazer. Aproveite as oportunidades para se destacar no setor profissional. **Favorável para Sol e Mercúrio.**

12 A Lua Cheia em Leão traz novas ideias e dá uma arejada em nossas perspectivas. Este é o momento ideal para fazer transições importantes e cruzar pontes rumo a um futuro diferente. **Favorável para Júpiter e Plutão.**

13 Alguns temas em nossa vida precisam de mais dedicação e cuidado. Com diligência, podemos nos revitalizar e criar novos hábitos. Considere o que precisa de um compromisso mais firme de sua parte. **Favorável para Saturno.**

14 Gentilezas e pequenos gestos de carinho fazem muita diferença; não menospreze o efeito de uma ação amorosa. Saiba apreciar um gesto dessa natureza se for contemplado. **Favorável para Netuno.**

15 Promover a paz é uma arte à qual todos nós devíamos ser apresentados. A confluência de ideias e o fortalecimento de afinidades nos mantêm conectados e fortes para superar as diferenças. **Favorável para Júpiter.**

16 Alianças e parcerias estão especialmente favorecidas neste dia. Não hesite em se aproximar das pessoas que deseja por perto neste momento; esteja aberto ao diálogo e saiba ouvir pensamentos diferentes dos seus. **Favorável para Sol e Júpiter.**

17 Sol, Lua e Lilith em harmonia nos fazem perceber se estamos sendo negligentes com nossos planos de alguma forma ao fazer mais esforços pelos outros, deixando de lado, assim, os esforços que realmente nos atenderiam. **Favorável para Lilith.**

18 Um olhar mais profundo para o campo emocional passa a fazer sentido neste momento. Dê uma pausa a si mesmo para identificar seus sentimentos. **Favorável para Sol e Mercúrio.**

19 Acolher-se, com compreensão e aceitação, ajuda a encontrar a regulação adequada das emoções. Não se cobre tanto; aprenda a fluir, assim como a água. **Favorável para Netuno.**

20 É importante valorizar a fé e a espiritualidade. Nestes tempos, encontrar um direcionamento mais elevado dará sentido e orientará sua caminhada. **Favorável para Júpiter.**

21 Amar exige coragem, e, às vezes, cabe a nós dar o primeiro passo para abrir caminhos em uma relação. Observe para onde seu coração aponta e siga com confiança. **Favorável para Vênus.**

22 Ter os pés na realidade pode nos tornar mais resistentes para lidar com a vida; por outro lado, também pode nos deixar frios e menos sensíveis. Procure manter o calor das emoções verdadeiras em seus relacionamentos. **Favorável para Júpiter.**

23 Aprender a colocar limites saudáveis em suas convivências é importante para evitar aborrecimentos e preservar a saúde mental. Saber o momento de dizer não mantém os limites bem definidos. **Favorável para Saturno.**

24 Nem sempre temos as emoções sob controle, e reconhecer os sentimentos tampouco é uma tarefa simples. Mas não podemos negligenciar nosso campo emocional; falar a respeito do que sentimos traz consciência sobre o que nos afeta. **Favorável para Lua e Mercúrio.**

25 A Lua balsâmica promove um momento de reflexão acerca de tudo o que vivemos na lunação de Aquário. Este é um momento de mudanças e resoluções que viabilizem nossa construção do futuro. **Favorável para Plutão.**

26 Abrir-se para novas experiências mantém flexível nosso sistema de cognição, que pode se atualizar com novos aprendizados e perspectivas. Mantenha a mente aberta. **Favorável para Júpiter.**

27 A Lua Nova em Peixes inicia uma lunação com a força do elemento Água, que representa nossa capacidade relacional, as memórias afetivas e a devoção espiritual. Procure se aproximar desses temas nas próximas semanas. **Favorável para o Sol.**

28 Sensibilidade, gentileza e compaixão são características que por muito tempo foram consideradas fragilidade, mas que na verdade são atributos dos mais elevados na condição humana. Observe quanto esses traços estão presentes em seus relacionamentos. **Favorável para Mercúrio e Netuno.**

MARÇO

1º O mês começa com um impulso maior na direção de nossos desejos do coração, e podemos sentir que algumas coisas só dependem de nossa atitude para realmente acontecerem. Deixe de lado a preguiça e a descrença; faça acontecer. **Favorável para Marte.**

2 Alguns eventos do passado podem ter forjado a ideia de que não somos fortes o suficiente para alcançar nossos objetivos, e assim nos resignamos com pouco. Porém, hoje é possível fazer mais; acredite em sua capacidade. **Favorável para Marte.**

3 Preencher a vida com mais arte e beleza, seja por meio de composições humanas ou de paisagens naturais, pode ser especialmente inspirador hoje. Leve o dia com mais calma e conecte-se com o seu interior. **Favorável para a Lua.**

4 Algumas coisas podem não sair como planejado, e insistir na programação original criará desgastes. Evite ser muito rígido e tenha jogo de cintura para chegar ao mesmo resultado, mas de outra maneira. **Favorável para Urano.**

5 O dia promete muitos estímulos e distrações e, para quem está comprometido com resultados, é importante não se desviar de seu foco. No trabalho, procure diminuir as interferências para poder se concentrar melhor. **Favorável para Mercúrio.**

6 Conhecer pessoas novas e outros lugares é a tônica deste dia, que favorece muito os encontros e as amizades. Aproveite os momentos agradáveis e construa boas memórias. **Favorável para Vênus e Júpiter.**

7 Os sentimentos estarão mais aflorados e será perceptível a intensidade de nossas emoções. Está tudo bem: sentir e dar passagem às emoções é uma forma de autorregulação. Acolha-se. **Favorável para a Lua.**

8 Aprender a navegar no oceano das emoções implica administrar as oscilações de humor e instabilidades emocionais. Não negue o que sente; mantenha-se no momento presente e lembre-se de respirar. **Favorável para Saturno.**

9 Este é um dia que favorece muito os encontros verdadeiros e gestos afetuosos de cuidado e carinho. Esteja pronto para demonstrar seus sentimentos e também para acolher os das demais pessoas. **Favorável para Netuno.**

10 Sentimento bom é sentimento compartilhado, e podemos neste dia vivenciar emoções fortes ao lado de pessoas bem especiais. Acredite no poder do romance. **Favorável para Vênus e Mercúrio.**

11 Imaginação e sonho alimentam a alma, e podemos hoje nos reabastecer com ideias acalentadoras que trarão mais confiança ao coração. Aproveite a companhia de quem acredita em você. **Favorável para Quíron.**

12 Dia favorável para elucidar situações que precisam de um olhar mais criterioso ou para resolver assuntos burocráticos que já passaram muito tempo aguardando resolução. Corrija o que for necessário e coloque sua vida em dia. **Favorável para Saturno.**

13 Gentileza demais pode ser confundida com permissividade; é importante encontrar a medida justa, para poder cultivar relações agradáveis sem, contudo, abrir campo para abusos. Observe o que pede uma postura mais firme de sua parte e se posicione. **Favorável para Saturno.**

14 Hoje o eclipse lunar total pode nos colocar em contato com percepções mais profundas sobre os limites relacionais que precisamos desenvolver. A cordialidade e a capacidade de diálogo serão essenciais; procure manter a neutralidade diante de situações desafiadoras. **Favorável para Saturno.**

15 Bom dia para desenvolver parcerias e projetos em equipe. Momento auspicioso também para encontros e trocas de ideia com mais liberdade e menos julgamento. Mercúrio inicia sua retrogradação e pede mais atenção ao que se passa internamente. **Favorável para Vênus.**

16 Lua e Lilith juntas no céu apontam a necessidade de observar se estamos sendo muito compreensivos ou cedendo demais nos relacionamentos, a ponto de ficarmos em uma posição de silenciamento e impotência. Pode ser o momento de ajustar essas questões e recuperar o equilíbrio nas relações. **Favorável para Lilith.**

17 Hoje o dia promove percepções ampliadas e uma capacidade de observação profunda, particularmente sobre temas que envolvam a área sentimental. Não ignore o que perceber. **Favorável para Netuno.**

18 Nem sempre entendemos o que sentimos, mas, quando estamos no campo emocional, a ordem das coisas pode ser primeiro sentir e depois entender. Cuide-se bem e, se necessário, faça uma pausa para se acolher. **Favorável para Saturno.**

19 A sensibilidade está em alta e ficaremos mais receptivos às mensagens do mundo simbólico dos sonhos e das percepções não verbais. Valorize as impressões e os sentimentos. **Favorável para Netuno.**

20 O Sol ingressa em Áries com o equinócio de outono, e passamos a sentir mais animação e entusiasmo diante da vida. Agora muitos planos podem sair do papel, pois estaremos mais motivados, dando vazão ao campo da ação. **Favorável para Mercúrio e Plutão.**

21 Não deixe que a apatia lhe roube oportunidades; hoje é um dia especial para recuperar a fé na própria capacidade. Anime-se e corra atrás de suas metas. **Favorável para Júpiter.**

22 Disciplina e concentração são recursos valiosos quando nos direcionamos aos nossos objetivos de vida. Não permita que as distrações o afastem de seus sonhos; recupere seu rumo. **Favorável para Saturno e Marte.**

23 Uma atitude mais compromissada consigo mesmo e com seu caminho de vida não exclui as demais pessoas nem as outras áreas de sua vida; aprenda a compartilhar e a interagir, respeitando as conexões, que também nos fortalecem. **Favorável para Marte.**

24 Podemos aprender com o conhecimento compartilhado em livros e cursos, mas também ouvindo histórias diferentes das nossas, que nos levam a exercitar outros pontos de vista e perspectivas. Aprenda sempre. **Favorável para Plutão.**

25 Estar pronto para reconhecer e aproveitar as oportunidades faz toda a diferença em nossas construções pessoais. Observe para onde a vida está se encaminhando. **Favorável para Júpiter.**

26 Cultive a liberdade de pensamento; é essa faculdade que vai sustentar uma atitude independente e comprometida com suas reais prioridades. **Favorável para Mercúrio.**

27 A Lua balsâmica nos convida a silenciar e processar o que nos aconteceu nas últimas quatro semanas, especialmente no âmbito dos relacionamentos. Preste mais atenção aos sonhos. **Favorável para Mercúrio.**

28 Para construir vínculos saudáveis e que nos tragam real contentamento, é necessário estar disponível emocionalmente, dedicando tempo e presença para que as outras pessoas decidam estar e permanecer ao nosso lado. Observe o que você vem oferecendo em seus relacionamentos. **Favorável para Vênus e Saturno.**

29 A Lua Nova em Áries acontece com um eclipse solar parcial, que mobiliza os temas de nossa vida que precisam de mais atitude e protagonismo. Leve a sério aquilo que o coração já aponta como importante neste momento. **Favorável para Plutão.**

30 Sintonize-se com a coragem, essa força poderosa que abre caminhos e nos fortalece para darmos o nosso melhor, realizando o que precisa ser feito hoje, sem postergar nem delegar essa responsabilidade aos outros. Netuno ingressa em Áries e traz um novo ânimo. **Favorável para Sol e Netuno.**

31 Algumas coisas só saem do campo das ideias se nos engajarmos com persistência, insistindo na realização delas. Esta é a hora de insistir e acreditar em seus planos; confie mais em você. **Favorável para a Lua.**

ABRIL

1º Libertar-se das expectativas que formaram a nosso respeito, sobretudo as familiares, nos exime de ser quem não podemos ser. Olhe para dentro e reconheça quem você realmente é. **Favorável para Urano.**

2 Quando estamos seguros dos recursos internos que temos, podemos nos sustentar por nós mesmos e abrir caminhos para a verdadeira realização. **Favorável para Júpiter.**

3 Ao estar entre pessoas que nos compreendem e podem testemunhar nossos passos, sentimo-nos mais fortes para continuar nossa jornada rumo ao desenvolvimento. **Favorável para Júpiter.**

4 Honrar os laços afetivos que nos nutriram desde nossa origem traz aceitação, condição essencial para nos fortalecermos em nossa trajetória de vida. A ancestralidade é o que sustenta a caminhada de hoje. **Favorável para a Lua.**

5 Quem sabe de onde veio e age com respeito à sua história pessoal pode se dirigir com firmeza ao ponto onde quer chegar; não tenha medo de avançar agora. **Favorável para Marte.**

6 Observe quanto você já conquistou e todas as coisas que foi capaz de realizar; essas conquistas mostram de que substância você é feito e o que a vida ainda pode lhe outorgar por merecimento. **Favorável para o Sol.**

7 Mercúrio sai da retrogradação e podemos organizar melhor os pensamentos, trazendo à memória tudo o que hoje pede revisão, para que nos apropriemos de nossa história de forma justa. **Favorável para Mercúrio e Netuno.**

8 O momento favorece ações planejadas com ordenação de nossas prioridades, para que possamos entender quais são os recursos que já desenvolvemos e que hoje podem ser aplicados ao nosso crescimento. **Favorável para Mercúrio.**

9 Os projetos pessoais precisam de mais atitude e envolvimento, mas não iremos muito longe se a mente não estiver alinhada ao corpo, reconhecendo as necessidades de descanso e cuidado. Aproveite o dia para cuidar mais de você mesmo. **Favorável para Vênus.**

10 O dia pede atenção a uma postura de intolerância em relação às demais pessoas. As críticas mais fervorosas sobre os outros podem, na verdade, indicar aquilo que secretamente não admitimos reproduzir da mesma maneira. **Favorável para Saturno e Urano.**

11 A dúvida pode consumir uma grande parte da energia que poderíamos empregar na realização de nossos sonhos. Tomar decisões é um ato de coragem; encare as renúncias necessárias e siga adiante. **Favorável para Netuno.**

12 A Lua Cheia em Libra com Sol e Quíron alinhados no céu permite que hoje tenhamos mais clareza sobre tudo o que nos impactou no passado, e que nos fez pensar que não teríamos força para superar as dificuldades da vida. Lembre-se de sua força. **Favorável para o Sol.**

13 Lilith ingressa em Escorpião, e a Lua nesse mesmo ponto traz mais consciência sobre a necessidade de ouvirmos nossa voz interior. A sabedoria da alma se manifesta na intuição; reconecte-se. **Favorável para Lilith.**

14 Todos os signos de Água estão ativados hoje, favorecendo percepções mais sutis, a comunicação não verbal e sentimentos aflorados. Este é um momento especial para reconhecermos nossas vulnerabilidades e aprendermos a nos preservar. **Favorável para Marte e Saturno.**

15 Algumas situações podem ter chegado ao limite; não ignore o que essas situações causam em você e, se for necessário, tome uma decisão firme. **Favorável para Marte.**

16 Sair de ambientes conhecidos e entrar em contato com outras realidades nos apresenta novas formas de caminhar. Podemos aprender muito observando a história de vida das outras pessoas. **Favorável para Plutão.**

17 Reconhecer a importância dos próprios desejos exige estar autocentrado, e, por vezes, é preciso silenciar as vozes de opiniões externas para confiar um pouco mais em nossa própria capacidade. **Favorável para Sol e Júpiter.**

18 O dia pede concentração para direcionar o tempo e a energia para metas pessoais. No trabalho, procure entregar bons resultados e terá mais reconhecimento. **Favorável para o Sol.**

19 Marte ingressa em Leão e confere mais dinamismo à vida produtiva. Criatividade, firmeza de caráter e força de vontade são características que poderão nos colocar em evidência. **Favorável para Marte.**

20 O Sol ingressa hoje no signo de Touro, promovendo atitudes mais persistentes e bem direcionadas para vencer os obstáculos da vida profissional. Não se afaste de seus valores pessoais. **Favorável para Saturno.**

21 Uma mente aberta está sempre disposta a aprender, e, mesmo nas áreas que já conhecemos, é possível que exista alguma atualização que podemos incorporar. **Favorável para Plutão.**

22 Agregar pessoas e criar novas redes de contato podem promover avanços neste momento. Esteja disponível para os encontros e as parcerias que poderão facilitar sua vida no futuro. **Favorável para Júpiter.**

23 O dia pede certa desaceleração, e momentos de pausa podem ser importantes. Procure se aproximar de pessoas queridas para compartilhar horas agradáveis que lhe trarão bem-estar emocional. **Favorável para Saturno.**

24 Vênus e Saturno se alinham e sensibilizam nossa consciência para as questões relacionais. Procure observar o que interfere na estabilidade de seu humor e se há algo que precisa ser corrigido ou eliminado definitivamente. **Favorável para Vênus e Saturno.**

25 A Lua balsâmica anuncia um período de reflexões importantes sobre aquilo que temos deixado de lado, mas não deveríamos. Recupere suas forças e comprometa-se mais com os próprios sonhos. **Favorável para Mercúrio e Netuno.**

26 Desenvolver a autonomia e aprender a se mover pela vida com mais liberdade são a tônica de hoje. Observe o que ainda o impede de seguir o próprio caminho. **Favorável para Marte.**

27 A Lua Nova em Touro abre um período para aprendermos a fortalecer nossas bases, confiando nos recursos que já temos e colocando talentos e capacidades a nosso favor. **Favorável para Vênus.**

28 Sair da zona de conforto e dar adeus à preguiça farão toda a diferença nesta nova lunação. Observe o que o vem levando a repetir sempre as mesmas coisas, com os mesmos resultados; pode ser que agora outras posturas sejam mais eficientes. **Favorável para Urano.**

29 Renovações importantes podem acontecer; esteja atento para perceber as oportunidades e arejar a vida com possibilidades antes inimagináveis. Pode ser bom virar a página. **Favorável para Júpiter e Plutão.**

30 O dia pode trazer notícias que mudem de figura as situações que damos como certas. Por outro lado, um pouco de aventura pode trazer a motivação que faltava para darmos passos mais ousados. Não tenha medo do que é novo. **Favorável para Júpiter.**

MAIO

1º Proporcionar conforto e atenção às pessoas mais queridas será importante neste momento. E, se sentir que é você quem precisa desse acolhimento, abra o coração com sinceridade a quem seja digno do seu afeto. **Favorável para a Lua.**

2 Hoje o dia pede um ritmo mais calmo para podermos buscar experiências agradáveis e prazerosas. Procure se cercar de pessoas queridas, melhor ainda se reunidas em uma mesa com boa comida e muita conversa. **Favorável para Sol e Lua.**

3 O elemento Fogo anima os planetas Vênus e Marte, os amantes celestes, e poderemos assim revitalizar nossas relações amorosas com romantismo e desejo. Aposte em seu poder de sedução. **Favorável para Marte e Vênus.**

4 Certas oportunidades batem à porta apenas uma vez. Aprimore sua percepção para não deixar passar a chance que tanto esperava; conte com uma mente mais ágil e intuitiva neste dia. **Favorável para Marte e Mercúrio.**

5 Hoje podemos começar o dia, desde cedo, com muita disposição e vontade de realizar o que sabemos que precisa ser feito. Aproveite este fluxo para tomar providências e resoluções, mesmo que com atraso. **Favorável para Marte.**

6 Concentre sua energia e capacidade produtiva de forma mais inteligente, planejando os próximos passos com antecedência e se mantendo fiel ao seu planejamento. Dia bom para investimentos e aquisição de patrimônio. **Favorável para o Sol.**

7 Avaliar as situações com mais critério e observação própria é sempre importante para termos lucidez de nosso momento de vida. Porém, evite o excesso de exigência consigo mesmo; estamos sempre aprendendo, e com mais consciência você poderá tentar novamente de outra maneira. **Favorável para Urano.**

8 Observe o que tem estado muito monótono e sem progresso na sua vida nos últimos tempos e considere quais pessoas poderiam ajudá-lo hoje a mudar essa realidade. A força da união pode colocar esses temas em movimento e tirá-lo da inércia. **Favorável para Plutão e Júpiter.**

9 Dia favorável para encontros importantes e conversas que precisam de certo tato para acontecer. Manter uma escuta ativa e paciente para compreender bem o que o outro estiver expressando será a chave para um bom entendimento. **Favorável para Júpiter e Mercúrio.**

10 Lua e Lilith juntas tornam o dia de hoje propício para avaliar se nossas ambições são motivadas por desejos genuínos ou se estão sendo mobilizadas por ressentimentos em busca de reparação, ainda que de forma destrutiva. Cuide bem do seu campo emocional. **Favorável para Lua e Lilith.**

11 Algumas situações podem ter suscitado uma persistência que o vem mantendo vinculado a um objetivo por muito tempo, mas e se esse não for o seu destino? Avalie o que essa busca pode estar causando a você hoje. **Favorável para Mercúrio.**

12 A Lua Cheia em Escorpião recebe uma oposição de Urano e pode nos pedir escolhas importantes, especialmente a respeito de situações que não têm mais condição de perdurar em nossa vida. Se for esse o caso, agradeça e se despeça daquilo que, na prática, o aprisiona. **Favorável para Sol e Urano.**

13 Hoje o dia pede um pouco mais de fé na vida. Procure se aproximar daquilo que lhe inspira aquela firme confiança para continuar sua caminhada, conectando-se assim com a positividade. **Favorável para Netuno.**

14 Coloque mais ação na sua vida, exercite o corpo e reencontre a força dos seus movimentos. O momento é de revitalização, que começa com gestos simples e pode se expandir para experiências maiores, que trarão de volta a alegria de viver. **Favorável para Marte e Urano.**

15 Conhecer assuntos diferentes e novos lugares pode trazer a inspiração de que você precisa hoje. Estar entre amigos e ouvir histórias também pode ampliar as perspectivas atuais; esteja atento. **Favorável para Mercúrio.**

16 A vida que você quer e merece depende das escolhas que faz hoje; observe quais têm sido suas prioridades e volte a se comprometer com os próprios objetivos. Só você sabe o que eles significam. **Favorável para Mercúrio.**

17 Ter autonomia financeira é uma conquista gradual, que pode não ter acontecido ainda por conta de uma tendência ao controle, fazendo-o

assumir mais encargos do que deveria. Simplifique seus compromissos. **Favorável para Urano.**

18 Sol, Urano e Plutão formam um aspecto harmônico que favorece todo tipo de libertação e reconfiguração da vida atual, ajudando-nos particularmente a encontrar saídas de situações restritivas que roubam a nossa alegria. **Favorável para Sol, Urano e Plutão.**

19 O amanhã tem surpresas inimagináveis. Acredite mais em si mesmo, estude sobre aquilo que ainda precisa desenvolver e tome a iniciativa daquilo que lhe cabe neste momento. **Favorável para Júpiter.**

20 Inseguranças podem nos influenciar hoje, e por esse motivo podemos sentir que não somos fortes ou capazes o suficiente para encarar uma realidade que parece colossal. Respire fundo e procure se acolher com a companhia de pessoas queridas, que poderão entendê-lo. **Favorável para Marte.**

21 O Sol ingressa em Gêmeos e estimula a flexibilidade cognitiva para experimentar situações diferentes das habituais. No entanto, podemos estar mais sensíveis e emotivos; respeite seu ritmo. **Favorável para Saturno.**

22 Algumas situações já perduraram demais; não há mais razão para continuar alimentando-as em nossa vida. Está na hora de uma reorganização definitiva rumo ao futuro. **Favorável para Saturno.**

23 Nossas histórias relacionais criam um repertório importante, que demonstra como nos comportamos diante do outro e do que o outro quer. Observe como você vem negociando com os outros as suas necessidades; pode ser que precise ser mais firme para não deixar de se atender. **Favorável para Vênus.**

24 A Lua balsâmica sinaliza que nossas inibições podem não ser traços pessoais, mas resquícios de traumas e impedimentos reais que nos marcaram profundamente. Há caminhos para cuidar dessas feridas, e hoje você pode decidir superá-las. **Favorável para Quíron.**

25 Algumas mudanças já se fazem perceber e é possível que você sinta um chamado para um recomeço importante. Vença a descrença e a procrastinação, e acredite em um futuro diferente. **Favorável para Mercúrio e Urano.**

26 Saturno ingressa em Áries, e nos sentiremos mobilizados para novas conquistas e passos mais ousados. A Lua Nova em Gêmeos abre um período de novidades, aprendizados e mudanças reais. **Favorável para Mercúrio, Urano e Plutão.**

27 Coloque mais movimento no seu dia a dia, fortaleça o corpo, dance e cante para se sintonizar com vibrações de alegria. Procure simpli-

ficar o cotidiano, desenvolvendo um olhar mais leve para a vida. **Favorável para Mercúrio.**

28 Hoje o dia pede mais diversão, arte e entretenimento. Procure se cercar das coisas de que gosta e das pessoas que lhe inspiram bons sentimentos. A vida pode se tornar bem mais agradável assim. **Favorável para Mercúrio e Júpiter.**

29 Com o coração leve, podemos apreciar melhor a presença de pessoas queridas e vivenciar os sentimentos sem tantas reservas. Emocionar-se faz parte de viver. **Favorável para a Lua.**

30 Um poderoso cazimi* de Mercúrio em Gêmeos promete trazer muita clareza aos pensamentos no dia de hoje. Poderemos notar algo importante que antes nos escapava, bem como vencer resistências internas com a renovação de ideias rígidas. **Favorável para Mercúrio.**

31 Algumas mudanças só serão possíveis de se alcançar se você desenvolver uma real autonomia, para poder decidir e manter-se firme, por conta própria, diante da decisão que tomou. Confie em si mesmo e vá para a ação. **Favorável para Saturno.**

JUNHO

1º Alguns impulsos serão difíceis de conter neste dia; esteja seguro do que vai fazer. No amor, a liberdade e o gosto pela aventura darão o tom. Não perca tempo. **Favorável para Marte e Vênus.**

2 Inquietações e ansiedade podem se fazer presentes ao longo do dia. Procure se preservar de situações mais desgastantes e cuide de seus pensamentos, evitando temas negativos que afetem seu humor. **Desfavorável para Mercúrio.**

3 Na vida produtiva, podemos nos beneficiar hoje ao manter uma postura mais receptiva, pronta para lidar com as diferenças por meio do diálogo e da simpatia. Cuidado com as críticas e a intransigência. **Desfavorável para Urano.**

4 Alinhar interesses, propor parcerias, entrar em acordos e negociar questões mais sensíveis são a tônica deste dia que favorece as aproximações e a convergência de ideias. Momento especialmente benéfico para ações na justiça. **Favorável para Mercúrio e Júpiter.**

---

* Encontro de um Astro com o Sol.

5 Vários astros estão situados em signos de Ar, favorecendo a atuação desse elemento que é representativo dos novos caminhos e do conhecimento bem aplicado. Observe o que está pedindo renovação na sua vida hoje e tome decisões inteligentes. **Favorável para Plutão.**

6 A sabedoria popular nos orienta a darmos um passo de cada vez, mas há momentos em que fazer um movimento certeiro pode economizar muito tempo e esforço. Seja estratégico. **Favorável para Mercúrio e Júpiter.**

7 A Lua se une a Lilith em Escorpião e ficamos mais sensíveis para as situações que registram nosso apego e insegurança. Esses são traços de nossa criança ferida, mas como adultos há riscos que já podemos correr e somos capazes, sim, de nos desprender de tudo o que não colabora mais com nosso crescimento. **Favorável para Vênus e Lilith.**

8 Hoje o dia pede mais foco para evitar distrações e procrastinações que possam atrapalhar seu fluxo. Mas, depois das obrigações, poderá ser muito bom extravasar com os amigos. **Favorável para Mercúrio e Júpiter.**

9 Em algumas áreas, podemos perceber que não temos a mesma liberdade de antes. Por outro lado, há inspirações novas chegando, e a vontade parece ter migrado para outras áreas. Este será um dia de descobertas importantes. **Favorável para Saturno e Netuno.**

10 A Lua Cheia em Sagitário nos conecta com uma vontade genuína de crescer e conhecer mais da vida. Você pode ter percebido que há novos caminhos, mais interessantes, e que também já está pronto para mudar. Júpiter ingressa em Câncer e podemos, assim, recriar nossa vida. **Favorável para o Sol.**

11 A vida pede mais espontaneidade, alegria e boas companhias. Pode ser algo especial reunir-se com pessoas queridas e ter um momento mais caloroso de celebração. Seja criativo. **Favorável para Sol e Marte.**

12 Alguns amores funcionam melhor na discrição. Este é um ótimo dia para programas a dois mais exclusivos, com tempo para se dedicarem um ao outro prezando pelo conforto e refinamento. Cuide bem do seu amor. **Favorável para Vênus.**

13 Encontrar conforto na natureza e ter tempo para contemplar as belezas simples da vida farão este dia muito especial. Mesmo com certa agitação mental, procure relaxar e desfrutar mais dos sentidos. **Favorável para Vênus.**

14 Este é um momento de grandes possibilidades, e atitudes tomadas agora terão repercussão em seu futuro. Observe o que sua consciência já vem lhe trazendo, pois há importantes transformações em curso. **Favorável para Urano, Saturno e Plutão.**

15 Nosso desejo por liberdade é a mais pura expressão da alma, que anseia por novos voos e aventurar-se no desconhecido. Na companhia dos amigos, esse impulso pode garantir momentos memoráveis. **Favorável para Júpiter.**

16 Hoje é um dia muito favorável para nos posicionarmos de maneira mais confiante em relação à nossa vida produtiva, relembrando as realizações e conquistas pessoais que dão testemunho de nossa capacidade. **Favorável para Marte.**

17 Situações recém-surgidas podem nos amedrontar por ainda não termos nos habituado o suficiente a essas novidades. É preciso paciência e diligência. Marte ingressando em Virgem vai auxiliar no ajuste às novas rotinas. **Favorável para Mercúrio.**

18 Sonhos, percepções sutis e toda forma de comunicação das camadas inconscientes podem acontecer neste dia; esteja atento para perceber os sinais e receber orientações valiosas. **Favorável para Netuno.**

19 Nossas possibilidades são sempre maiores do que nossa capacidade de enxergar a vida. Mas há aqueles momentos em que nos deslumbramos com as descobertas dessas novas perspectivas. Aproveite tal visão. **Favorável para Netuno e Plutão.**

20 Conhecer, aprender e experimentar são palavras que definem bem as possibilidades deste dia. Há um chamado importante para nos atualizarmos intelectualmente, pois muito do que queremos fazer depende desse desenvolvimento. **Favorável para Júpiter.**

21 O Sol ingressa em Câncer neste solstício de inverno, diminuindo o período diário de claridade. Em termos simbólicos, preparamo-nos para um tempo de mais recolhimento e contato com nossas paisagens internas. **Favorável para Vênus e Mercúrio.**

22 Certos desenvolvimentos estão muito favorecidos, mas ainda não nos sentimos prontos para esses movimentos, ou então adotamos comportamentos que não colaboram com a situação. Esteja atento a esse impulso e não adie sua felicidade. **Desfavorável para Urano e Netuno.**

23 A Lua balsâmica em Gêmeos nos reconecta com o tema das mudanças e recomeços, e podemos perceber então que certos avanços já aconteceram nas últimas semanas. Agora é o momento de respirar fundo e encarar as novidades com otimismo. **Favorável para Plutão.**

24 Neste dia, podemos sentir que a mente nos apresenta várias ideias e planos, em contraponto a um ritmo interno mais lento e acomodado, que precisa de conforto emocional. Um lindo cazimi de Júpiter traz luz sobre as novas sementes que precisaremos cultivar e nutrir daqui em diante. **Favorável para Sol e Júpiter.**

25 A Lua Nova em Câncer abre uma lunação voltada às questões afetivas, relacionais e familiares. Também podemos nos sentir mais animados a cuidar do lar, promover consertos e reformas, e ainda nos dedicarmos à saúde e à alimentação. **Favorável para Marte e Júpiter.**

26 Perceber os sonhos que nos movem e que trazem mais cor à nossa vida será a tônica deste dia, que tem muita intuição pelo ar. Preste atenção a *insights*, sonhos e percepções mais sutis. **Favorável para Lua e Mercúrio.**

27 Uma imaginação forte e que se impõe com processos criativos e inovadores poderá ser bem aproveitada no caminho profissional. Acolha pensamentos e ideias que possam ser o prenúncio de ótimas realizações. **Favorável para Mercúrio.**

28 De nada adianta sonhar alto se a cabeça rejeitar continuamente os ventos da mudança. Atualize suas referências e amplie sua mente; o impossível é questão de conhecimento. **Favorável para Júpiter.**

29 Um olhar mais reflexivo para os relacionamentos será importante hoje. Note como você vem se comportando e principalmente se vem fazendo concessões maiores do que deveria, criando desgastes e até prejuízos com os quais só você arca. **Favorável para Marte e Júpiter.**

30 Sua capacidade produtiva é a base de todas as suas conquistas. Cuide bem do corpo e da alimentação, e esteja bem preparado fisicamente para sustentar todos os trabalhos, reais e simbólicos, de sua jornada. **Favorável para Marte.**

JULHO

1º O mês começa com a aproximação entre Vênus e Urano, liberando-nos de compromissos afetivos que se tornaram pesados demais e criando saídas para relações já desgastadas pelo marasmo. Organize os próximos passos, mas não deixe passar este momento. **Favorável para Vênus.**

2 Hoje é um dia especial para refazer laços e dedicar-se com mais atenção aos relacionamentos que trazem real contentamento. Cuide mais dos amigos, da família e da parceria amorosa. **Favorável para Vênus e Plutão.**

3 Aproveite o momento para circular mais, rever amigos e se inspirar com pessoas que tenham afinidade com você e sua maneira de entender as coisas. **Favorável para Júpiter.**

4 A Lua se encontra com Lilith em Escorpião e faz um ótimo aspecto com Sol e Júpiter, sinalizando um período de curas profundas, emocionais. Nos próximos dias, procure se preservar e, se sentir vontade de chorar, lembre que este é um mecanismo importante de autorregulação das emoções. **Favorável para Mercúrio.**

5 A falta de uma referência afetiva na infância pode causar prejuízos severos nos relacionamentos posteriores da vida, mas não precisamos ficar reféns do que nos aconteceu. Podemos contar com o conhecimento humano já desenvolvido para cuidar terapeuticamente dessas questões. **Favorável para Vênus e Urano.**

6 Vênus ingressa em Gêmeos, e está pronta para motivar recomeços nas relações e a aquisição de dinheiro de um jeito novo, enquanto Mercúrio em Leão nos ajuda a resgatar a autoestima, trazendo à memória aquilo que temos de valor. **Favorável para Vênus e Plutão.**

7 Acreditar firmemente que merecemos o melhor fortalece nossas intenções, para que os sonhos desabrochem e se materializem no tempo certo. Tudo começa com a disposição de uma mente mais positiva. Urano ingressa em Gêmeos e promete grandes renovações. **Favorável para Saturno, Urano e Netuno.**

8 A impaciência pode atrapalhar os assuntos deste dia. Se algo parecer lento demais, respire fundo e lembre-se de que ações firmes são tomadas com base na segurança. **Favorável para Sol e Marte.**

9 Gostamos de pensar que, para coisas boas acontecerem, basta querer e se dedicar a essa realização individualmente. Porém, hoje é um dia para notar os laços afetivos que nos fortalecem para seguirmos acreditando em nós mesmos. Seja grato por isso. **Favorável para Júpiter.**

10 A Lua Cheia em Capricórnio traz compreensão sobre os esforços que temos feito em prol de nossas metas, e se esses esforços de alguma forma têm comprometido relacionamentos próximos. De nada adianta chegar ao topo se tiver de comemorar sozinho e exausto; valorize quem acredita em você. **Favorável para Saturno.**

11 Quando refletimos com a mente aberta e sem preconceitos, podemos admitir nossa participação por ação ou omissão diante do que nos acontece. Tomar consciência disso é a chave para fazer ajustes em nossa conduta e melhorar nossa realidade. **Favorável para Plutão e Urano.**

12 Algumas oportunidades só chegam a quem está disponível para sentir a força dos ventos da mudança. Observe quais ideias e pessoas são foco de seu interesse agora. **Favorável para Vênus e Mercúrio.**

13 Avalie sua comunicação, prestando atenção a atitudes gratuitamente questionadoras que levem desconforto às demais pessoas. Tudo pode ser dito, desde que encontremos um modo de não ameaçar os relacionamentos. **Desfavorável para Urano.**

14 Bons sentimentos se intensificam quando compartilhados, e é muito importante reafirmar os laços que nos unem e fortalecem. Cuide de quem está ao seu lado. **Favorável para Júpiter.**

15 Hoje o dia promove conexões fortes com o campo da espiritualidade. Reunir-se para ritualizar de alguma forma essa esfera do sagrado pode trazer muito sentido ao seu momento de vida. **Favorável para Júpiter.**

16 Reconecte-se com sua força interior, acreditando que pode chegar mais longe do que pensava. Valorize seus sonhos e use os recursos que já tem. **Favorável para Saturno e Netuno.**

17 Liberte sua mente da influência dos pensamentos de quem não o conhece nem tem como saber o que é importante para você. Sintonize mente e coração, e siga com firmeza. **Favorável para Mercúrio.**

18 Dê mais crédito à sua capacidade imaginativa, reconhecendo o mérito dos seus processos mais criativos. Mercúrio inicia sua retrogradação e pede atenção às comunicações. **Favorável para Marte.**

19 Procure observar certos excessos na maneira como executa seu trabalho. Se se organizar melhor e mantiver um planejamento, talvez não seja necessário tanto empenho e você possa reservar mais momentos para o lazer e o autocuidado. **Favorável para Marte.**

20 Algumas situações e relações não podem mais continuar da forma como estão atualmente, e é a sua mudança de atitude que poderá recuperar o contentamento quando se envolver com essas experiências. **Favorável para Urano.**

21 Aquilo que deu errado antes não atesta incapacidade, mas pode indicar que não havíamos aprendido tudo o que era possível conhecer até então. Tente outra vez. **Favorável para Vênus e Mercúrio.**

22 A Lua balsâmica traz percepções mais sutis e sonhos que podem representar dimensões da realidade que já temos condições de administrar melhor, sobretudo no campo afetivo. O Sol ingressa em Leão e fortalece a autoestima. **Favorável para o Sol.**

23 Exageros e dramas podem ser reencenações de uma vivência que ficou registrada pela criança que fomos um dia, ainda com pouco repertório. Hoje podemos ter compreensões mais amplas e conhecer mais acerca das dinâmicas relacionais. Dedique-se a isso. **Favorável para a Lua.**

24 A Lua Nova em Leão inaugura uma lunação dedicada ao reencontro com nossa essência, passando pelo reconhecimento da criança interior e suas múltiplas capacidades. Lembre-se de quem você é. **Favorável para Sol e Mercúrio.**

25 Hoje o dia promove a espontaneidade, trazendo mais luz e cor para enxergamos a realidade de um modo mais leve e confiante. Especialmente auspicioso para reencontros e conquistas amorosas. **Favorável para Vênus e Mercúrio.**

26 A primeira pessoa que tem de acreditar no seu potencial é você mesmo. Se esse potencial ainda não está claro, entrar em contato com essa dimensão interior das próprias capacidades pode liberar aquilo que vem emperrando suas conquistas. **Favorável para Sol.**

27 Cuidar dos hábitos diários, buscando alimentação e rotinas mais saudáveis, pode nos preparar para darmos conta dos desafios mais à frente. Mantenha-se forte para alcançar seu futuro com saúde. **Favorável para Marte.**

28 Descubra o prazer das pequenas conquistas do dia a dia, que podem passar despercebidas das demais pessoas, mas que dizem muito a respeito de nós mesmos. Não desista de você. **Favorável para Marte e Saturno.**

29 Toda liderança se mantém pela capacidade de inspiração que promove nas outras pessoas. Não é a força; é o exemplo. Aproxime-se de quem o inspira. **Favorável para o Sol.**

30 Saiba aproveitar os bons momentos da vida, com leveza e alegria, e, principalmente, com o coração grato pela oportunidade de estar vivo. Celebre! **Favorável para Sol e Mercúrio.**

31 Vênus ingressa em Câncer e nos conecta com as emoções e a intensidade delas. Os desejos do coração podem arder, mas em compensação nos fazem sentir a vida pulsante. Um cazimi de Mercúrio elucidará quais desejos são mais urgentes hoje. **Favorável para o Sol.**

AGOSTO

1º Um desejo mais atual e autocentrado pode contrastar com a importância que algumas situações e pessoas ainda têm para nós. Certas renúncias podem se fazer necessárias hoje, e a conjunção entre Lua e Lilith vai elucidar que escolhas são essas. **Favorável para Lilith e Júpiter.**

2 Hoje o dia pede mais tato nas comunicações, pois há propensão à rigidez intelectual. Sabendo dessa tendência, busque mais fluidez. **Desfavorável para Mercúrio.**

3 No momento, temos diversos planetas em signos de Fogo formando um grande trígono, reforçando assim uma perspectiva individual que traz mais consciência sobre os temas que dependem de nossa ação e posicionamento. Escute sua intuição. **Favorável para Mercúrio e Saturno.**

4 Algumas conquistas já pareceram muito distantes, mas, se observar melhor, hoje você tem os recursos e a força de vontade necessários para empreendê-las em sua vida. Permita-se. **Favorável para o Sol.**

5 Identificar-se apenas com a postura que tivemos em determinado período é desconsiderar que somos seres em constante desenvolvimento. Com o tempo, podemos evoluir, e outras posturas passam a ser bem-vindas. **Favorável para Mercúrio.**

6 O dia favorece o campo profissional e podemos ser mais proativos, demonstrando nossa experiência e também novas habilidades. Não se sinta constrangido; sustente seus méritos. **Favorável para Vênus e Júpiter.**

7 Para grandes conquistas, é necessário também um grande comprometimento. Não mude de ideia no meio do caminho; fortaleça suas intenções e siga adiante. **Favorável para Saturno.**

8 Observe bem as situações que vêm se formando ao seu redor; é possível que algumas delas já tenham mudado e estejam justamente oferecendo as oportunidades que você esperava. **Favorável para Plutão e Urano.**

9 A Lua Cheia em Aquário traz renovação e muita energia para escrevermos novos capítulos, mais comprometidos com uma construção de longo prazo e um futuro promissor. Acredite, pois seu momento ainda vai chegar. **Favorável para Sol.**

10 O dia pede abertura para incluir as emoções no roteiro, então permita-se sentir e deixe-se levar por sentimentos verdadeiros. Cuidado, no entanto, com o excesso de agitação e a euforia inconsequente. **Favorável para Júpiter.**

11 Estar centrado em nossas metas é importante, mas partilhar as conquistas com quem acredita em nós torna o processo mais belo. Valorize quem está ao seu lado. Mercúrio sai da retrogradação e poderemos então perceber algo novo a nosso respeito. **Favorável para Vênus e Júpiter.**

12 Nos últimos dias, viemos percebendo que nossos caminhos só se abrirão se nós mesmos nos autorizarmos a atravessá-los. Nem sempre teremos a compreensão e o apoio das outras pessoas; é preciso ter mais coragem para agir conforme nossa própria consciência. **Favorável para Mercúrio e Saturno.**

13 Dia de energias fortes pelo ar; podemos nos sentir revitalizados e com fome de viver. Bom para aumentar esse vigor com atividades físicas, bons encontros e muita paixão. **Favorável para o Sol.**

14 É preciso tempo para apreciar as boas coisas da vida e desfrutar de mais conforto e inspiração. Ainda que sua mente esteja agitada, atenda a essa necessidade que vem do corpo. **Desfavorável para Mercúrio.**

15 A vontade de sair e se aventurar pode encontrar certa resistência no dia de hoje; observe o que vem prendendo ou atrasando você. **Desfavorável para Mercúrio.**

16 Há momentos em que estamos muito próximos de nossos sonhos e só precisamos de um pouco de coragem para assumir os riscos dessa nova conquista. Não se intimide, acredite em seu potencial. **Favorável para Urano.**

17 Importantes decisões poderão ser tomadas nos próximos dias; esteja seguro do que é importante para você neste momento e daquilo que não pode mais aguardar. Confie em sua capacidade de adaptação. **Favorável para Marte.**

18 O dia promove muita energia e movimento; pode ser interessante canalizar esse impulso para atividades físicas, esportes e entretenimento. **Favorável para Mercúrio.**

19 Invista em um ambiente mais tranquilo e acolhedor ao lado de pessoas próximas, exercitando a compreensão e a dedicação afetuosas. Mas esteja atento para que essa atitude seja genuína, e não proveniente da necessidade de controle. **Favorável para Marte e Júpiter.**

20 É muito bom poder contar com a presença e o apoio das pessoas a quem queremos bem. Embora nem sempre essa demonstração por parte dos outros aconteça como esperamos, procure ver as intenções por trás dos gestos. **Favorável para Vênus.**

21 A Lua balsâmica permite agora importantes encaminhamentos de seus assuntos, sobretudo ao ajudá-lo a encontrar validação própria para os temas que lhe são caros. Abaixe um pouco as vozes externas e avalie esses pontos baseando-se em seu critério pessoal. **Favorável para Mercúrio.**

22 Encontrar o meio-termo entre as ambições pessoais de um lado e a necessidade de pertencimento e afeto do outro é um grande desafio, mas, como adultos, precisamos enfrentá-lo. **Favorável para Sol e Lua.**

23 A Lua Nova em Virgem abre uma lunação que nos sensibiliza para assuntos produtivos de trabalho e finanças, pedindo mais planejamento e o uso inteligente de nosso tempo e recursos. **Desfavorável para Urano.**

24 Podemos sentir que já temos mais clareza em relação aos nossos objetivos atuais. No trabalho, é possível que já possam acontecer, de fato, certos aprimoramentos; esteja disponível. **Favorável para Júpiter.**

25 Um grande trígono de Ar se abre hoje e promove a atualização de nossos conhecimentos, apresentando informações novas e valiosas que poderão nos ajudar neste momento. **Favorável para Urano e Plutão.**

26 O dia favorece os encontros e o diálogo, mas internamente podemos estar propensos a intolerâncias e críticas. Observe se é mesmo o caso de compartilhar esses pontos de vista ou se é melhor resguardar os bons momentos. **Desfavorável para Marte.**

27 Dia de mais agitação mental, com pensamentos que podem se tornar muito acelerados e nos desconectar do que é importante. Cuide de seu ambiente e, se necessário, dê uma pausa para relaxar a mente. **Desfavorável para Mercúrio.**

28 Procure observar se você vem sendo fiel ao que estipula para si mesmo. Este é um período do ano de grandes avanços, mas é preciso se assegurar de que você seja de fato seu colaborador mais eficiente. **Favorável para Júpiter.**

29 A Lua se encontra com Lilith em Escorpião e nos leva a emoções mais profundas e percepções que precisamos trazer para o consciente. Há realidades que só tocamos quando reconhecemos os próprios sentimentos. **Favorável para Lilith.**

30 Hoje o dia promove ótimas condições para os apaixonados, facilitando os encontros a dois e convidando a novas aventuras. Aposte em seu magnetismo pessoal. **Favorável para Vênus.**

31 A vida pede mais movimento e uma mente curiosa, ávida por explorar diferentes situações e iniciar novos projetos. Observe que variar a rotina pode fazer sentido neste momento. **Favorável para Marte.**

SETEMBRO

1º Começamos o mês com impulsos ambíguos: melhorar as situações atuais ou virar a mesa e recomeçar de um modo diferente? Essa resposta é só sua; procure se ouvir mais. **Favorável para Urano.**

2 Bom momento para checar quais são as nossas bases, o que nos dá fundamento para nossa vida atual. Observe em particular como vão suas finanças e o que esse fluxo realmente lhe permite fazer. **Favorável para Saturno.**

3 Pode ser necessário reservar um tempo para fazer escolhas mais criteriosas na parte financeira, aplicando melhor seu dinheiro no que realmente lhe for útil, evitando assim desperdícios. **Favorável para Mercúrio.**

4 Hoje o dia favorece todo tipo de estímulo ao conhecimento, seja pelo caminho dos estudos, seja por meio de conversas edificantes ou mesmo pela inspiração que vem do contato com realidades diferentes das nossas. **Favorável para Plutão.**

5 Entre a liberdade de agir conforme o coração sinaliza e a necessidade de reafirmar os compromissos afetivos, observe o que faz mais sentido para você, tendo em mente o que mais deseja no longo prazo. **Favorável para Vênus.**

6 Amabilidade, gentileza e demonstrações de carinho serão essenciais no dia de hoje. No trabalho, diminua as críticas e procure meios mais gentis de se comunicar. **Favorável para Mercúrio.**

7 A Lua Cheia em Peixes acontece com um poderoso eclipse lunar total, conectando-nos a um sentido de propósito maior na vida e deixando claro o "para que" de termos passado por tudo o que já vivemos. Acolha seus sentimentos e saiba que este é um momento de direcionamento firme para o futuro. **Favorável para Sol e Júpiter.**

8 Hoje pode se fazer necessário um ambiente seguro emocionalmente, pois importantes percepções estão chegando e talvez precisemos organizar dentro de nós os sentimentos e os pensamentos. Cuide bem de você. **Favorável para Saturno.**

9 Neste dia poderemos sentir certa agitação mental, além da tendência de falar antes de pensar, gerando constrangimentos. Procure avaliar se o que tem a dizer é mesmo necessário. **Desfavorável para Mercúrio.**

10 Uma conexão profunda com o campo emocional poderá promover curas e apaziguamentos. Não seja tão severo consigo mesmo e reconheça que hoje você já pode se dedicar de forma diligente ao seu aprimoramento. **Favorável para Vênus.**

11 Constância e persistência nos aproximam de nossos objetivos, ainda que eles sejam de longo prazo. Considere a situação financeira atual e como pode agora direcionar sua renda de forma consciente para aquisições mais significativas. **Favorável para Mercúrio.**

12 Observe melhor os compromissos financeiros e sua vida produtiva: eles fazem sentido em relação ao seu momento ou é necessário reconsiderar alguma coisa? Este dia promove saídas para situações que não se justificam mais. **Favorável para Urano.**

13 Um cazimi de Mercúrio traz importantes reflexões para o dia, enquanto a Lua em Gêmeos apresenta soluções e inovações que podemos implementar para desemaranhar as situações mais desafiadoras. **Favorável para Mercúrio.**

14 Notícias recentes podem fazê-lo rever seus planos; esteja flexível para promover adaptações na sua programação ou mesmo traçar novos caminhos, pensando estrategicamente. **Favorável para Marte.**

15 Cuidar da casa, do lar e do nosso corpo-casa são a tônica deste dia, que promove um olhar mais cuidadoso para nós mesmos, pedindo resoluções práticas sobre alimentação e saúde. **Favorável para Lua.**

16 Alguns hábitos podem ter tomado uma proporção maior do que deveriam, e esse exagero pode roubar o tempo que você poderia investir em outras frentes igualmente importantes. Considere alguns ajustes na sua rotina. **Favorável para Mercúrio.**

17 Dia bom para se posicionar com mais firmeza e coragem. Sobretudo no trabalho, você pode estar diante de uma valiosa oportunidade para mostrar sua capacidade criativa e de inovação. **Favorável para Saturno e Vênus.**

18 Acreditar em si é fundamental para ter sucesso em seus projetos, mas se sua atenção só alcança a si mesmo, talvez você perca o sentido de suas realizações. Abra os olhos e considere que você faz parte de um grupo que dá oportunidade ao seu crescimento. **Favorável para Vênus.**

19 A Lua balsâmica traz importantes reflexões sobre nosso momento produtivo e quais construções realmente fazem sentido agora. Vênus ingressa em Virgem e mostra a importância de fazermos demonstrações honestas de nosso afeto. **Favorável para Vênus.**

20 Algumas escolhas precisam ser feitas para que você se mantenha comprometido com o seu melhor, inclusive na dimensão da saúde. Seja responsável. **Favorável para Saturno.**

21 A Lua Nova em Virgem acontece com um eclipse solar parcial, dando clareza sobre os caminhos de desenvolvimento pessoal daqui em diante. Abra-se para um tempo de mais diligência, priorizando seu bem-estar e o planejamento pessoal. **Favorável para Saturno.**

22 O Sol ingressa em Libra na chegada da primavera, formando um grande trígono com Urano e Plutão e trazendo a renovação do elemento Ar. É tempo de encontrar novas perspectivas, pensar de maneira inovadora e dar um rumo diferente à sua vida. **Favorável para Urano e Plutão.**

23 Muito do que realizarmos daqui em diante dependerá de nosso senso de colaboração e capacidade de trabalho em rede. Reative seus contatos e se aproxime de quem enxerga a vida como você. **Favorável para Urano.**

24 Marte ingressa em Escorpião, e tudo o que se refira ao atendimento de nossa vontade e à capacidade de autoafirmação ganha novos contornos, pois nos sentimos mais fortalecidos. Este pode ser um período de grandes aquisições. **Favorável para Marte.**

25 A Lua se encontra com Lilith e abre nossa sensibilidade para os desejos mais profundos que, enfim, saem da escuridão, encontrando seu caminho até a consciência e mostrando que não temos tempo a perder. Esteja sensível a *insights* e sonhos. **Favorável para Lilith.**

26 O alinhamento entre Saturno e Júpiter aponta quais serão os caminhos de desenvolvimento neste momento, indicando um importante senso de comunidade que deve estar presente em nossas resoluções. **Favorável para Saturno e Júpiter.**

27 O dia pede mais simpatia e abertura para o outro. Especialmente no trabalho, esteja receptivo às ideias de outras pessoas, percebendo que tipo de costura pode promover maior conexão e melhores resultados. **Favorável para Mercúrio.**

28 Talvez você precise de mais inspiração hoje. Viajar pode renovar seus horizontes, e isso pode acontecer concretamente ou por meio de leituras que lhe permitam ir além pela imaginação. Procure estar receptivo a experiências novas. **Favorável para Urano.**

29 Uma reflexão honesta sobre a forma como você se envolve com suas metas pode ser necessária. Observe quanto essas metas são suas mesmo ou se foram definidas por outras pessoas ou pela necessidade delas. **Favorável para Mercúrio.**

30 Um bom dia para ações resolutivas, como definir processos e tomar decisões que não possam mais ser adiadas. Confie em seu julgamento. **Favorável para Marte.**

OUTUBRO

1º O mês começa com a influência de um trígono de Ar reforçando o desejo por novidades e mudanças. Está na hora de considerar alguns ajustes finos neste momento de vida, em particular na área amorosa. **Favorável para Plutão.**

2 Diplomacia e cordialidade serão essenciais no dia de hoje, que favorece os encontros que demandem boa capacidade de diálogo e negociação. No trabalho, agregar mais e fortalecer as afinidades trará bons resultados. **Favorável para Mercúrio.**

3 Reunir as pessoas para se aproximar de sua rede de contatos fará toda a diferença neste período. Entre em contato com elas, envie mensagens ou faça telefonemas para deixar as portas abertas. **Favorável para Mercúrio.**

4 O dia de hoje promove união, sobretudo em relação aos vínculos amorosos. Abra-se para a compreensão verdadeira de conversas francas, com olho no olho, e a entrega que só acontece em um ambiente de confiança. **Favorável para Vênus.**

5 Temos hoje uma linda oportunidade de restaurar os relacionamentos mais significativos, primando pela responsabilidade afetiva e pela decisão sincera de perdoar. **Favorável para Vênus e Saturno.**

6 Como é bom poder voltar a sonhar! Lua e Netuno juntos podem nos enlevar com ideias inspiradoras e apaixonantes. Permita-se! **Favorável para Netuno.**

7 Dia auspicioso para grandes paixões, sejam elas as atividades que nos envolvem prazerosamente e queremos que nunca acabem ou a forte conexão de um romance ardente. Julgue menos e desfrute mais. **Favorável para Marte.**

8 Profundidade e mais capacidade de análise das situações – eis o que promete o dia de hoje. Considere também as percepções que vêm do campo não verbal, mais sutil e sensível, que podem orientá-lo em nível intuitivo. **Favorável para Mercúrio.**

9 O conflito entre o desejo de segurança e estabilidade, e a necessidade de mergulhar nas águas ainda desconhecidas das novas paixões pode aflorar. Para qual lado pende seu coração? **Favorável para Marte.**

10 O dia desponta trazendo um poderoso impulso de romper com a rotina e arriscar fazer escolhas mais ousadas. Vale a pena questionar se nossos sonhos são do mesmo tamanho da nossa coragem. **Favorável para Urano.**

11 Diálogos importantes, alianças de longo prazo e negociações difíceis estarão especialmente favorecidos neste dia, com forte influência do elemento Ar e de sua capacidade de dar novas formas ao que já existe. **Favorável para Vênus e Saturno.**

12 Estar presente nas relações mais importantes é um exercício para quem não vive o campo dos sentimentos com tanta consciência. Observe seu comportamento nos encontros, o que você oferece e quais são suas expectativas; podemos aprender muito sobre nós com essas simples observações. **Favorável para Lua.**

13 Bom momento para demonstrações de generosidade, presenteando pessoas queridas e reforçando os laços afetivos. Amar também é dedicação. **Favorável para Júpiter.**

14 Relações fortes se fundamentam no respeito mútuo e no senso de reciprocidade. Avalie como você vem se posicionando em seus relacionamentos e qual é sua real motivação para permanecer neles. **Favorável para Plutão.**

15 O amor é uma experiência que nos leva à conexão e ao fortalecimento, ao passo que o poder traz soberba, fazendo-nos acreditar que somos mais importantes que os outros. Não é possível viver as duas experiências em uma mesma relação. **Favorável para o Sol.**

16 Tensões internas serão sentidas com mais intensidade hoje, podendo explodir se forem engatilhadas por algum elemento estressor externo. Cuide de suas emoções e se necessário peça ajuda a alguém de confiança. **Desfavorável para a Lua.**

17 Reflexões realistas e uma certa dose de autocrítica farão parte deste dia, podendo nos levar a compreensões importantíssimas sobre as altas exigências e a solidão. Esteja consciente para aprimorar suas relações. **Favorável para Mercúrio.**

18 A Lua balsâmica chega trazendo muito potencial transformativo para os relacionamentos e mostrando caminhos para outros modos de vivenciar essa importante área de nossa vida. Esteja aberto para mudar o que você percebe neste momento ser necessário. **Favorável para Plutão.**

19 Lua e Vênus em Libra favorecem os relacionamentos amorosos, promovendo convergência de ideias, entendimentos e repactuações nas relações que poderão ser reconstruídas se houver real intenção das duas partes. **Favorável para Vênus.**

20 Mercúrio, Marte e Lilith se alinham em Escorpião e promovem mais comprometimento de nossa parte com o campo afetivo e emocional, fazendo-nos perceber o que está nos ferindo nos relacionamentos atuais e nos dando coragem para nos desapegarmos dessas experiências. **Favorável para Mercúrio e Marte.**

21 Mais leveza e confiança podem nos cercar neste dia, facilitando encontros mais agradáveis e promissores, ou mesmo importantes alianças em todas as áreas de nossa vida. **Favorável para Vênus.**

22 Ter um olhar mais cuidadoso para os próprios sentimentos nos permite aprender o valor das relações saudáveis, estabelecidas com base na confiança. Este aprendizado acontecerá na calma e no silêncio, para podermos nos ouvir com honestidade. **Favorável para Mercúrio.**

23 Sol, Lua e Lilith em Escorpião ampliam nossa percepção para reconhecermos a toxicidade que já vivenciamos em relacionamentos anteriores, indicando a que devemos dar atenção para não revivermos essas situações no momento presente. **Favorável para Lilith e Mercúrio.**

24 O Sol em Escorpião nos sensibiliza para os processos de encerramento e desapego, que precisamos levar a sério neste período. Porém, esses processos não precisam ser difíceis nem dolorosos, pois abrem espaço para novas experiências daqui em diante. **Favorável para Júpiter.**

25 Preencha seu dia com mais romance, arte e beleza, pois a vida pede inspiração e leveza. Aproxime-se de pessoas que enxergam a preciosidade dos bons encontros; fique atento à chegada de um novo romance. **Favorável para Vênus.**

26 Há os dias de luta mas também existem os dias de glória, e agora podemos estar mais próximos do sucesso em projetos dos quais cuidamos com diligência. Dê aquele passo certeiro que pode definir a conclusão de um processo importante para você. **Favorável para o Sol.**

27 Dia bom para toda atividade de pesquisa, pois traz a concentração necessária para focar em processos que precisam de seu total engajamento. No trabalho, trata-se de um momento bem produtivo. **Favorável para Marte e Mercúrio.**

28 Grandes ambições não se cumprem sem uma atitude de real implicação e responsabilidade. Comprometa-se com seus planos. **Favorável para Marte.**

29 Novidades podem aparecer, e revelações importantes podem fazer certos temas ressurgirem em nossa vida. Talvez você seja agraciado com uma segunda oportunidade; não perca sua chance. **Favorável para Plutão.**

30 Renovações na vida amorosa e possíveis viagens a dois podem ser muito bem-vindas neste momento. Não tenha medo de aprofundar seu relacionamento com mais intimidade e conexão. **Favorável para Vênus.**

31 Um trígono do elemento Água nos deixa mais sensíveis e com necessidade de contato e afeto. Ao mesmo tempo, há um trígono do elemento Ar que traz inquietação e questionamentos. Sobreviver às contradições e ambivalências será uma conquista para o dia de hoje. **Desfavorável para Sol e Lua.**

NOVEMBRO

1º O mês começa na força do elemento Água, que nos conecta a afetos, vínculos amorosos e espiritualidade. Este é um momento que pede seriedade e noção de causa e consequência em relação a esses temas; esteja atento. **Favorável para Saturno.**

2 Há muita sensibilidade no ar e podemos nos sentir emocionalmente sobrecarregados. Procure se preservar de multidões e mantenha seu ambiente com energias elevadas. **Favorável para Netuno.**

3 O pensamento criativo e inovador pede passagem. No trabalho, é um bom momento para propor ideias mais arrojadas e dar início àquele projeto que pede seu protagonismo. **Favorável para Marte.**

4 Marte ingressa no signo de Sagitário e indica uma temporada de mais inspiração e movimento, convidando-nos a tirar os planos do papel e passarmos à ação. **Favorável para Marte e Mercúrio.**

5 A Lua Cheia em Touro traz muita consciência sobre o que vem nos prendendo devido ao apego e como podemos ter sido reféns da apatia e da adesão a situações que já perduram há muito tempo. **Desfavorável para Vênus.**

6 Certas compreensões podem chegar de repente, mudando de figura situações que precisavam mesmo de novos ares e reconfigurações. Não se prenda mais. **Favorável para Júpiter e Urano.**

7 Mudanças podem ser bem-vindas neste momento. Procure estar aberto às novidades que surgirem, adaptando-se a elas, pois darão condições de crescimento muito em breve. **Favorável para Marte e Mercúrio.**

8 Vênus ingressa em Escorpião e nos inspira com paixões profundas e ardentes. Este é um ótimo momento para se dedicar com foco e persistência aos seus objetivos. **Favorável para Vênus.**

9 Aprender a reconhecer e lidar com as próprias emoções é um estudo refinado. Observe a intensidade e o transbordamento de seus sentimentos, a ciclicidade desses processos e a forma como você reage a esse funcionamento. **Favorável para o Sol.**

10 Muito cuidado com exageros e dramas ao considerar seus sentimentos, pois todos nós sentimos as oscilações do campo emocional. O que muda é o modo de lidar com as instabilidades; aprenda a se acolher. **Favorável para Júpiter.**

11 Ousadia, inovação e um toque de aventura dão a cor do dia de hoje, que convida a emoções fortes e um espírito livre. Aproveite bem seu tempo. **Favorável para Marte.**

12 Podemos, por causa da agitação, passar a agir com excesso de confiança. Esteja atento a situações de risco que possam demandar uma avaliação mais cuidadosa. **Desfavorável para Urano.**

13 Um olhar mais detalhista no ambiente de trabalho pode fazer toda a diferença, sobretudo se for para resolver processos que precisam de um encerramento. **Favorável para o Sol.**

14 Certos aprimoramentos dependem de uma firme escolha em relação àquilo que não pode mais receber nossa atenção. Saiba escolher bem e prepare-se para as despedidas necessárias. **Favorável para Saturno.**

15 O dia pede um pouco mais de espirituosidade, simpatia e flexibilidade. No trabalho, importantes conexões podem acontecer; esteja disponível para bons entendimentos. **Favorável para Plutão e Júpiter.**

16 Para quem não está feliz no amor, este é o momento de considerar o posicionamento nos relacionamentos e a disposição para agir com lealdade e reciprocidade. **Favorável para Mercúrio.**

17 A Lua balsâmica traz mais consciência sobre o que temos causado às pessoas que se relacionam conosco e como podemos aprimorar as parcerias mais significativas. Bom momento para diálogos profundos e repactuações. **Favorável para Vênus.**

18 Sentimentos intensos e percepções necessárias preencherão o dia de hoje, que pode nos afetar emocionalmente a ponto de precisarmos pausar a vida para entender o que se passa internamente. Acolha-se. **Desfavorável para Vênus.**

19 Emoções à flor da pele e alguns temores podem fazer parte deste dia, que pede escolhas sábias e possivelmente certa dose de desapego. Confie em sua capacidade de superação e escute o que o coração diz. **Favorável para Marte.**

20 A Lua Nova em Escorpião acontece conjunta a Lilith e a um cazimi de Mercúrio, promovendo um olhar certeiro para tudo o que precisa de reformulação em nossa vida, a começar pelos pesos que não podemos mais carregar. Liberte-se! **Favorável para Urano.**

21 Há momentos em que não podemos abrir mão de nossa vontade nem ceder naquilo que é vital para continuar a jornada. Mesmo que não sejamos compreendidos, é preciso se impor. **Favorável para Marte.**

22 O Sol ingressa em Sagitário e traz mais motivação para seguirmos nossa trajetória, percebendo o sentido maior de nossos movimentos e direções. Não pare agora; vá em frente! **Favorável para Júpiter.**

23 Levantar a cabeça e olhar para o alto pode ser a melhor maneira de recuperar a visão de quem você é e do que é capaz; lembre-se de sua força. **Favorável para Saturno.**

24 Concentre sua energia naquilo que pode animá-lo hoje e mantenha-se focado em seus objetivos, sem esmorecer pelo caminho. Há muito pelo que continuar. **Favorável para Vênus.**

25 Positividade e autoconfiança são palavras-chave neste momento, que nos ajudarão a reencontrar nossa força e dar a volta por cima. **Favorável para Plutão.**

26 Superar desafios resolve as situações em si, mas também cria em nós validações importantes a respeito de nossa coragem e capacidade. Acredite mais em você mesmo. **Favorável para Marte.**

27 Mudanças internas podem pedir uma alteração de imagem, que representará aos outros quanto já avançamos e nos sentimos prontos para novas etapas da vida. Mudar faz bem; não tema as transformações. **Favorável para Vênus.**

28 Mercúrio está finalizando sua retrogradação e nos conecta, assim, às memórias que precisamos resgatar para avaliar corretamente o que pode ser transformado nos relacionamentos atuais. Atenção aos sonhos e *insights* deste dia. **Favorável para Mercúrio.**

29 Todos os signos de Água estão ativados no céu, promovendo a limpeza e a cura emocional de que tanto precisamos. Entregue-se à força das águas e, se puder, esteja na natureza para aproveitar esta bênção. **Favorável para Vênus e Júpiter.**

30 Podemos nos sentir particularmente energizados hoje. Fazer exercícios, dançar e aproveitar o calor do sol podem ser ações muito revigorantes. Movimente-se! **Favorável para Sol e Marte.**

DEZEMBRO

1º Houve um tempo em que não tivemos força para lutar pelo que nos era importante, mas esse momento já passou e hoje podemos reencontrar nossa força, sabendo que não estamos mais sozinhos. Vênus ingressa em Sagitário e nos ajuda a encontrar a nossa tribo. **Favorável para Quíron.**

2 Certo ceticismo pode nos afetar neste dia, marcando com dureza a avaliação que fazemos das situações. Lembre-se do poder de uma mente que pensa positivamente. **Favorável para Mercúrio.**

3 Observe que tipo de pensamentos e lógicas você vem reproduzindo na sua história de vida e se essas crenças merecem mesmo crédito. Está na hora de mudar algumas narrativas. **Favorável para Urano.**

4 A Lua Cheia em Gêmeos traz o impulso de renovação de que precisávamos para virar a mesa e sair de situações que já se esgotaram por completo. Agora, podemos nos sentir com o pé na estrada e inspirados para iniciar novas jornadas. **Favorável para Sol e Vênus.**

5 Oportunidades de crescimento lhe pedem que você se despeça de posturas infantis e inconsequentes, para aprender a se conectar à própria sabedoria. Confie em si mesmo. **Favorável para Sol e Marte.**

6 Um sentimento de nostalgia pode acompanhá-lo neste dia, trazendo memórias e comparações com outros tempos. Recorde o que o motivou a buscar outros horizontes. **Favorável para Júpiter.**

7 Acreditar na chegada é o que motiva o primeiro passo da caminhada. Confie nos sonhos que inspiraram a sua jornada e mantenha viva em você essa imagem, pois ela o conduzirá até o fim do caminho. **Favorável para Júpiter.**

8 Podemos nos sentir especialmente românticos e apaixonados hoje. Compartilhe os prazeres da vida e sinta o forte pulsar de um coração desejante. **Favorável para Sol e Vênus.**

9 Muita motivação e energia para nos envolvermos com nossos projetos – eis o que promete este dia. Mande a preguiça e a tristeza embora e empenhe-se em seus objetivos. **Favorável para Marte.**

10 O planejamento pode ajudar a desemaranhar as pendências deste momento, sobretudo as financeiras, que podem estar precisando de mais organização e diligência. **Favorável para Mercúrio.**

11 Altas expectativas e críticas mal colocadas podem colocar a perder os bons momentos que você poderia ter com pessoas queridas. Pondere se suas percepções não poderiam ser expostas em outro momento mais adequado. **Desfavorável para Vênus.**

12 Comprometa-se com seu aprimoramento, mas não se perca em detalhes nem em pretensas boas intenções. Mais importante que perfeição é manter a direção constante. **Favorável para Saturno.**

13 Bom dia para fazer novos amigos e conhecer lugares inspiradores. A vida pode ser mais interessante para quem tem aventura no coração. **Favorável para Sol e Vênus.**

14 Algumas metas mais ousadas podem precisar de parceiros tão visionários e comprometidos quanto você. Considere compartilhar seus projetos e aceite colaborações. **Favorável para Sol, Vênus e Marte.**

15 O desapego em alguns casos agora parece adequado e já não pesa mais tanto no coração. Está na hora de tomar decisões mais firmes e definitivas. **Favorável para Plutão.**

16 Despedir-se também é sentir. Tenha paciência com você neste processo e estenda sua compreensão a outras pessoas que possam estar vivenciando processos parecidos. **Favorável para Saturno.**

17 Chegamos à última Lua balsâmica do ano, com importantes despedidas em curso. Talvez a despedida mais importante seja a da pessoa que fomos antes de nos alinharmos à nossa real essência. Tenha em mente que ser você mesmo é a maior libertação. **Favorável para Saturno e Lilith.**

18 Ter clareza sobre o que se passa internamente depende de uma observação atenta, que vamos treinando dia a dia para perceber o mais sutil dos movimentos. Para quem se reconhece, nada passa despercebido. **Favorável para Mercúrio.**

19 A Lua Nova em Sagitário acontece em conjunção a Vênus e Marte, convocando-nos a grandes mudanças que repercutirão positivamente na construção do futuro. Para isso acontecer, no entanto, é preciso nos fortalecermos emocionalmente daqui em diante. **Favorável para Vênus e Marte.**

20 Você pode se sentir mais confiante e hábil em suas capacidades. No trabalho, mostrar resultados sem modéstia poderá lhe trazer destaque. Lilith ingressa em Sagitário, mostrando os espaços onde não cabemos mais. **Favorável para Marte.**

21 Lembrar-se de nutrir laços emocionais será importante neste dia. Esteja ao lado das pessoas que acreditaram em você e o ajudaram a tornar realidade sua vida atual. **Favorável para Júpiter.**

22 O Sol ingressa em Capricórnio e estamos no solstício de verão, que traz fortalecimento e resiliência para podermos nos dedicar a construções mais sólidas. No campo profissional, bom momento para novas oportunidades. **Favorável para Plutão.**

23 Estudar e conhecer outros pontos de vista e perspectivas sobre um assunto podem fazer toda a diferença neste dia. Esteja receptivo ao conhecimento que poderá ajudá-lo em seu desenvolvimento. **Favorável para Mercúrio.**

24 Animação, celebração e diversidade são as tônicas deste dia, que é também a véspera da comemoração do Natal. Aproveite os momentos de reunião e festa com o coração aberto às diversas maneiras de ser feliz. **Favorável para Vênus.**

25 No dia de Natal, podemos ser inspirados por um importante senso de propósito que nos faz sentir parte de algo maior, dando assim sentido à nossa existência. Participe ativamente das celebrações e tenha uma atitude mais agregadora. Feliz Natal! **Favorável para Netuno.**

26 Muita emotividade e sentimento de união podem nos acompanhar ao longo de todo o dia. Podemos aprender muito com as interações baseadas em sinceridade. **Favorável para Saturno.**

27 As preparações para o novo ano já começaram e podemos nos sentir bastante envolvidos com novos projetos e ideias. Escute mais seu coração. **Favorável para Marte.**

28 Certas construções levam tempo, e é preciso aprender a lidar com a impaciência, que pode colocar tudo a perder. Observe como essa atitude, em outros momentos, pode tê-lo afastado de pessoas queridas e procure dominar seus impulsos. **Favorável para Mercúrio e Quíron.**

29 Conecte-se com sua força, evidenciada pelas conquistas e pelos bons resultados deste ano. Ser persistente tem suas recompensas. **Favorável para Vênus.**

30 Acredite em sua capacidade de trazer para a realidade as metas que em outros tempos eram apenas ideias. Um novo ano está chegando e, com ele, novas oportunidades. **Favorável para Saturno e Júpiter.**

31 Neste último dia do ano, Lua e Urano juntos nos fazem recuperar a autoconfiança necessária para prosseguir, apesar das incertezas. Mesmo diante de circunstâncias diferentes, podemos confiar na força que nos inspira à vida e à renovação. Feliz Ano-Novo! **Favorável para Plutão e Urano.**

Horóscopo Chinês 2025

A Astrologia chinesa, diferentemente da Astrologia gregoriana, que se baseia no ciclo solar, fundamenta-se no ano lunar, que dura 12 meses e 29 dias. Cada ano lunar é regido por um signo, representado por um animal. Segundo a tradição chinesa, os seres humanos recebem as características do signo regente de cada ano.

Verifique na tabela a seguir qual é o seu animal-signo tomando por base a data de seu nascimento. Se estiver interessado em conhecer seu signo Ascendente no horóscopo chinês, consulte também a tabela das horas regidas pelos signos.

Os anos lunares de 1924 a 2031			
Signos	**Período correspondente**	**Elemento**	**Polaridade**
Rato	de 5 de fevereiro de 1924 até 24 de janeiro de 1925	Madeira	+
Boi	de 25 de janeiro de 1925 até 12 de fevereiro de 1926	Madeira	–
Tigre	de 13 de fevereiro de 1926 até 1º de fevereiro de 1927	Fogo	+
Coelho	de 2 de fevereiro de 1927 até 22 de janeiro de 1928	Fogo	–
Dragão	de 23 de janeiro de 1928 até 9 de fevereiro de 1929	Terra	+
Serpente	de 10 de fevereiro de 1929 até 9 de janeiro de 1930	Terra	–
Cavalo	de 10 de janeiro de 1930 até 16 de fevereiro de 1931	Metal	+
Carneiro	de 17 de fevereiro de 1931 até 5 de fevereiro de 1932	Metal	–
Macaco	de 6 de fevereiro de 1932 até 25 de janeiro de 1933	Água	+

Os anos lunares de 1924 a 2031

Signos	Período correspondente	Elemento	Polaridade
Galo	de 26 de janeiro de 1933 até 13 de fevereiro de 1934	Água	–
Cão	de 14 de fevereiro de 1934 até 3 de fevereiro de 1935	Madeira	+
Javali	de 4 de fevereiro de 1935 até 23 de janeiro de 1936	Madeira	–
Rato	de 24 de janeiro de 1936 até 10 de fevereiro de 1937	Fogo	+
Boi	de 11 de fevereiro de 1937 até 30 de janeiro de 1938	Fogo	–
Tigre	de 31 de janeiro de 1938 até 18 de fevereiro de 1939	Terra	+
Coelho	de 19 de fevereiro de 1939 até 7 de fevereiro de 1940	Terra	–
Dragão	de 8 de fevereiro de 1940 até 26 de janeiro de 1941	Metal	+
Serpente	de 27 de janeiro de 1941 até 14 de fevereiro de 1942	Metal	–
Cavalo	de 15 de fevereiro de 1942 até 4 de fevereiro de 1943	Água	+
Carneiro	de 5 de fevereiro de 1943 até 24 de janeiro de 1944	Água	–
Macaco	de 25 de janeiro de 1944 até 12 de fevereiro de 1945	Madeira	+
Galo	de 13 de fevereiro de 1945 até 1º de fevereiro de 1946	Madeira	–
Cão	de 2 de fevereiro de 1946 até 21 de janeiro de 1947	Fogo	+
Javali	de 22 de janeiro de 1947 até 9 de fevereiro de 1948	Fogo	–
Rato	de 10 de fevereiro de 1948 até 28 de janeiro de 1949	Terra	+
Boi	de 29 de janeiro de 1949 até 16 de fevereiro de 1950	Terra	–
Tigre	de 17 de fevereiro de 1950 até 5 de fevereiro de 1951	Metal	+
Coelho	de 6 de fevereiro de 1951 até 26 de janeiro de 1952	Metal	–
Dragão	de 27 de janeiro de 1952 até 13 de fevereiro de 1953	Água	+
Serpente	de 14 de fevereiro de 1953 até 2 de fevereiro de 1954	Água	–
Cavalo	de 3 de fevereiro de 1954 até 23 de janeiro de 1955	Madeira	+
Carneiro	de 24 de janeiro de 1955 até 11 de fevereiro de 1956	Madeira	–
Macaco	de 12 de fevereiro de 1956 até 30 de janeiro de 1957	Fogo	+
Galo	de 31 de janeiro de 1957 até 17 de fevereiro de 1958	Fogo	–
Cão	de 18 de fevereiro de 1958 até 7 de fevereiro de 1959	Terra	+
Javali	de 8 de fevereiro de 1959 até 27 de janeiro de 1960	Terra	–
Rato	de 28 de janeiro de 1960 até 14 de fevereiro de 1961	Metal	+
Boi	de 15 de fevereiro de 1961 até 4 de fevereiro de 1962	Metal	–
Tigre	de 5 de fevereiro de 1962 até 24 de janeiro de 1963	Água	+
Coelho	de 25 de janeiro de 1963 até 12 de fevereiro de 1964	Água	–
Dragão	de 13 de fevereiro de 1964 até 1º de fevereiro de 1965	Madeira	+

Os anos lunares de 1924 a 2031			
Signos	**Período correspondente**	**Elemento**	**Polaridade**
Serpente	de 2 de fevereiro de 1965 até 20 de janeiro de 1966	Madeira	–
Cavalo	de 21 de janeiro de 1966 até 8 de fevereiro de 1967	Fogo	+
Carneiro	de 9 de fevereiro de 1967 até 29 de janeiro de 1968	Fogo	–
Macaco	de 30 de janeiro de 1968 até 16 de fevereiro de 1969	Terra	+
Galo	de 17 de fevereiro de 1969 até 5 de fevereiro de 1970	Terra	–
Cão	de 6 de fevereiro de 1970 até 26 de janeiro de 1971	Metal	+
Javali	de 27 de janeiro de 1971 até 14 de fevereiro de 1972	Metal	–
Rato	de 15 de fevereiro de 1972 até 2 de fevereiro de 1973	Água	+
Boi	de 3 de fevereiro de 1973 até 22 de janeiro de 1974	Água	–
Tigre	de 23 de janeiro de 1974 até 10 de fevereiro de 1975	Madeira	+
Coelho	de 11 de fevereiro de 1975 até 30 de janeiro de 1976	Madeira	–
Dragão	de 31 de janeiro de 1976 até 17 de fevereiro de 1977	Fogo	+
Serpente	de 18 de fevereiro de 1977 até 6 de fevereiro de 1978	Fogo	–
Cavalo	de 7 de fevereiro de 1978 até 27 de janeiro de 1979	Terra	+
Carneiro	de 28 de janeiro de 1979 até 15 de fevereiro de 1980	Terra	–
Macaco	de 16 de fevereiro de 1980 até 4 de fevereiro de 1981	Metal	+
Galo	de 5 de fevereiro de 1981 até 24 de janeiro de 1982	Metal	–
Cão	de 25 de janeiro de 1982 até 12 de fevereiro de 1983	Água	+
Javali	de 13 de fevereiro de 1983 até 1º de fevereiro de 1984	Água	–
Rato	de 2 de fevereiro de 1984 até 19 de fevereiro de 1985	Madeira	+
Boi	de 20 de fevereiro de 1985 até 8 de fevereiro de 1986	Madeira	–
Tigre	de 9 de fevereiro de 1986 até 28 de janeiro de 1987	Fogo	+
Coelho	de 29 de janeiro de 1987 até 16 de fevereiro de 1988	Fogo	–
Dragão	de 17 de fevereiro de 1988 até 5 de fevereiro de 1989	Terra	+
Serpente	de 6 de fevereiro de 1989 até 26 de janeiro de 1990	Terra	–
Cavalo	de 27 de janeiro de 1990 até 14 de fevereiro de 1991	Metal	+
Carneiro	de 15 de fevereiro de 1991 até 3 de fevereiro de 1992	Metal	–
Macaco	de 4 de fevereiro de 1992 até 22 de janeiro de 1993	Água	+
Galo	de 23 de janeiro de 1993 até 9 de fevereiro de 1994	Água	–
Cão	de 10 de fevereiro de 1994 até 30 de janeiro de 1995	Madeira	+
Javali	de 31 de janeiro de 1995 até 18 de fevereiro de 1996	Madeira	–
Rato	de 19 de fevereiro de 1996 até 6 de fevereiro de 1997	Fogo	+
Boi	de 7 de fevereiro de 1997 até 27 de janeiro de 1998	Fogo	–

Os anos lunares de 1924 a 2031			
Signos	**Período correspondente**	**Elemento**	**Polaridade**
Tigre	de 28 de janeiro de 1998 até 15 de fevereiro de 1999	Terra	+
Coelho	de 16 de fevereiro de 1999 até 4 de fevereiro de 2000	Terra	–
Dragão	de 5 de fevereiro de 2000 até 23 de janeiro de 2001	Metal	+
Serpente	de 24 de janeiro de 2001 até 11 de fevereiro de 2002	Metal	–
Cavalo	de 12 de fevereiro de 2002 até 31 de janeiro de 2003	Água	+
Carneiro	de 1º de fevereiro de 2003 até 21 de janeiro de 2004	Água	–
Macaco	de 22 de janeiro de 2004 até 8 de fevereiro de 2005	Madeira	+
Galo	de 9 de fevereiro de 2005 até 28 de janeiro de 2006	Madeira	–
Cão	de 29 de janeiro de 2006 até 17 de fevereiro de 2007	Fogo	+
Javali	de 18 de fevereiro de 2007 até 6 de fevereiro de 2008	Fogo	–
Rato	de 7 de fevereiro de 2008 até 25 de janeiro de 2009	Terra	+
Boi	de 26 de janeiro de 2009 até 13 de fevereiro de 2010	Terra	–
Tigre	de 14 de fevereiro de 2010 até 2 de fevereiro de 2011	Metal	+
Coelho	de 3 de fevereiro de 2011 até 22 de janeiro de 2012	Metal	–
Dragão	de 23 de janeiro de 2012 até 9 de fevereiro de 2013	Água	+
Serpente	de 10 de fevereiro de 2013 até 30 de janeiro de 2014	Água	–
Cavalo	de 31 de janeiro de 2014 até 18 de fevereiro de 2015	Madeira	+
Carneiro	de 19 de fevereiro de 2015 até 7 de fevereiro de 2016	Madeira	–
Macaco	de 8 de fevereiro de 2016 até 27 de janeiro de 2017	Fogo	+
Galo	de 28 de janeiro de 2017 até 15 de fevereiro de 2018	Fogo	–
Cão	de 16 de fevereiro de 2018 até 4 de fevereiro de 2019	Terra	+
Javali	de 5 de fevereiro de 2019 até 24 de janeiro de 2020	Terra	–
Rato	de 25 de janeiro de 2020 até 11 de fevereiro de 2021	Metal	+
Boi	de 12 de fevereiro de 2021 até 31 de janeiro de 2022	Metal	–
Tigre	de 1º de fevereiro de 2022 até 21 de janeiro de 2023	Água	+
Coelho	de 22 de janeiro de 2023 até 9 de fevereiro de 2024	Água	–
Dragão	de 10 de fevereiro de 2024 até 28 de janeiro de 2025	Madeira	+
Serpente	de 29 de janeiro de 2025 até 16 de fevereiro de 2026	Madeira	–
Cavalo	de 17 de fevereiro de 2026 até 5 de fevereiro de 2027	Fogo	+
Carneiro	de 6 de fevereiro de 2027 até 25 de janeiro de 2028	Fogo	–
Macaco	de 26 de janeiro de 2028 até 12 de fevereiro de 2029	Terra	+
Galo	de 13 de fevereiro de 2029 até 2 de fevereiro de 2030	Terra	–
Cão	de 3 de fevereiro de 2030 até 22 de janeiro de 2031	Metal	+
Javali	de 23 de janeiro de 2031 até 10 de fevereiro de 2032	Metal	–

Os signos e as horas

Das 23h à 1h, horas governadas pelo Rato
Da 1h às 3h, horas governadas pelo Boi
Das 3h às 5h, horas governadas pelo Tigre
Das 5h às 7h, horas governadas pelo Coelho
Das 7h às 9h, horas governadas pelo Dragão
Das 9h às 11h, horas governadas pela Serpente
Das 11h às 13h, horas governadas pelo Cavalo
Das 13h às 15h, horas governadas pelo Carneiro
Das 15h às 17h, horas governadas pelo Macaco
Das 17h às 19h, horas governadas pelo Galo
Das 19h às 21h, horas governadas pelo Cão
Das 21h às 23h, horas governadas pelo Javali

2025

Ano da Serpente

De 29 de janeiro de 2025 a 16 de fevereiro de 2026

No ano da Serpente, a tônica será a flexibilidade e a harmonia. A Serpente, como é em sua essência um espírito aventureiro e misterioso, trará para o ano de 2025 alguns problemas que terão de ser solucionados com muita flexibilidade. A harmonia terá de se fazer presente, tanto em decisões amorosas e familiares quanto no âmbito profissional. O ano será marcado por grande progresso nas áreas que envolvem

tecnologia e medicina. Diversas doenças consideradas incuráveis terão novos tipos de tratamento e possibilidade de cura.

O nativo de Serpente terá um desafio este ano: equilibrar as finanças, mantendo o foco tanto no trabalho como na vida pessoal, sempre buscando o equilíbrio.

Ano bastante próspero para novos projetos e idealizações. Ninguém deverá se deixar levar pelo egocentrismo.

Eis o que nos reserva o ano da Serpente

RATO: Ano bastante favorável para conquistas materiais, que apresentará grandes oportunidades na vida profissional. Tudo depende exclusivamente de seu empenho e capacidade de superação. Sua intuição estará bastante aflorada e, com isso, a percepção para bons ou maus negócios prevalecerá. Cuidado com os assuntos do coração; supere o ciúme e valorize seu parceiro. No âmbito da saúde, a recomendação é apenas tomar cuidado com os excessos. Lute pelos seus objetivos.

BOI: Tenha cautela com suas finanças; evite gastar mais do que ganha! Neste ano, não será preciso se preocupar em demasia com a saúde, pois não há riscos de doenças sérias. No amor, tente não se desestabilizar emocionalmente nem culpar sua cara-metade por tudo. No campo profissional, a estabilidade estará garantida, mas não espere ter mais ganhos com isso; sua situação econômica se manterá estável.

TIGRE: Este ano lhe pedirá muita calma e reflexão para não ter de lidar com uma perda para a qual não está preparado. Vários atritos e conflitos o aguardam, mais do que nos anos anteriores, por isso é prudente controlar as emoções. Embora você goste de estar no controle da situação, conte com a ajuda alheia para solucionar seus problemas. Na saúde e nos relacionamentos, tudo estará estável.

COELHO: Com muito trabalho e persistência, você alcançará o sucesso profissional, pois este é um ano em que tudo pode dar certo! Não desanime se outras pessoas não concordarem com suas opiniões; sua autoconfiança o levará sempre para a frente. Cuide de quem você ama e evite gastos com o que aparentemente é indispensável. Se evitar o estresse, sua saúde se manterá ótima!

DRAGÃO: Preze pela diplomacia neste ano! Cuidado com as mudanças súbitas de humor, pois tanto seus familiares quanto seus relacionamentos, na mesma medida, receberão essa carga de agressividade. Guarde segredos se necessário; ouça mais e meça suas palavras. No campo das relações, uma nova pessoa poderá aparecer em sua vida; tente se adequar a essa realidade. No âmbito profissional, há a possibilidade de uma promoção ou uma nova oportunidade. Leve a vida com mais calma e sua saúde mental permanecerá inabalável.

SERPENTE: Planos que foram deixados em segundo plano vão sair do papel neste ano, mas tenha cautela em tudo o que realizar, pois despertará muita inveja. Várias viagens o esperam este ano; esteja preparado para uma significativa mudança de rotina! Se a insegurança for colocada de lado, você alcançará as melhores coisas de sua vida. Nos relacionamentos, esqueça a possessividade e terá uma relação saudável. Reserve, porém, um tempo só para você e um tempo para a família, além dos momentos com o ser amado. Sua saúde estará muito boa neste ano.

CAVALO: Cuide de si mesmo e mude sua rotina; está na hora de reorganizar sua vida! Evite trocar um amor de verdade por aventuras passageiras, mantendo sempre o clima de romance, para não cair em tentações. No campo profissional, aguarde mudanças na rotina de trabalho, podendo contar, quem sabe, até com um arranjo híbrido. Evite exageros no consumo de álcool e tabaco, e mantenha a regularidade quanto às atividades físicas. Saúde estável neste ano.

CARNEIRO: Ano benéfico no campo profissional; conte com a sorte para ser reconhecido ou mesmo promovido. A possibilidade de uma sociedade também não está descartada. Cuidado apenas para não se emocionar com decepções sentimentais, pois elas podem torná-lo um tanto retraído e pessimista. Tente controlar as súbitas variações no estado de ânimo, pois seu sucesso vai depender do autocontrole. E, quando o sucesso chegar, divida seus frutos com aqueles que fizeram parte dele. Beba bastante líquido e tente manter hábitos mais saudáveis neste ano.

MACACO: Como em 2025 a tônica é a flexibilidade, ela será muito proveitosa para você, seja na área dos relacionamentos, profissional ou pessoal. Muitos desafios o aguardam ao longo do ano, e você só ganhará com eles se respeitar os outros e a opinião deles. Devido a sua competência, colherá muitos frutos em seu trabalho. Nos relacionamentos, não espere grandes mudanças – a maior delas será quando mudar a si mesmo. Cuidado com o excesso de nervosismo, pois ele poderá afetar seu sistema digestivo; no mais, a saúde se manterá boa.

GALO: Fortaleça os laços familiares e cuide dos assuntos domésticos. Projetos antigos se desenvolverão, pois este ano é favorável ao sucesso. Quanto à vida amorosa, não espere tranquilidade, pois seu temperamento poderá desestabilizar a pessoa amada. Na saúde, tente fazer viagens para relaxar e se afastar das questões do cotidiano, para evitar distúrbios emocionais. Com muita garra e determinação, todos os seus planos se concretizarão.

CÃO: Dinheiro não vai ser problema para você este ano, e sua relação familiar também será muito tranquila. A vida profissional, no entanto, estará diretamente ligada a sua capacidade de aprendizado e sagacidade. Com foco e determinação, 2025 será um ano muito positivo. No campo amoroso, esqueça a rotina: esteja preparado para uma reviravolta. Uma viagem a dois poderá mudar o rumo do relacionamento. Fique atento às finanças e não desperdice dinheiro. Sua saúde ficará estável se se poupar de exageros.

JAVALI: Suas finanças vão dar um salto graças a atividades artísticas, e sua carreira também vai deslanchar. Entretanto, cuidado com pessoas negativistas; evite se expor desnecessariamente a elas e alcançará prosperidade financeira e material. Poupe todo o dinheiro que sobrar e, se possível, aplique-o em bons investimentos. Quanto à área amorosa, muitos romances vão surgir no decorrer deste ano, mas fica a dica: procure a estabilidade emocional. Evite também os excessos alimentares e, mantendo uma dieta saudável, sua saúde irá de vento em popa.

Tendências Astrológicas para o Brasil em 2025

Considerando a cosmovisão dos caldeus, antigo povo da Mesopotâmia que desenvolveu uma sólida observação dos astros e de seus ciclos, o ano de 2025 será regido pelo planeta Júpiter.

Em sua dimensão simbólica, Júpiter representa o crescimento que chega pela aquisição de conhecimento e atitude confiante sustentada pela fé. Júpiter também está associado à positividade que nos faz empreender algo visando o futuro e que nos permite pensar para além do momento atual, permitindo assim que nos dediquemos a planos maiores.

Ele é ainda o planeta do desenvolvimento financeiro, das boas oportunidades e da colheita próspera. Porém, exige discernimento para não cairmos em indulgências ou desperdícios.

Na esfera coletiva, favorece as artes e a comunicação, o fomento da economia popular, o turismo, o ensino superior e a religiosidade.

REVOLUÇÃO SOLAR

O mapa da Revolução Solar em curso é marcado por uma grande quadratura, anunciando um período de importantes desafios ao crescimento do país e a necessidade de negociações hábeis para manter a governabilidade.

O Ascendente da Revolução Solar é Capricórnio, que recebe um dos vértices da grande quadratura, prometendo eventos marcantes desde o início do ano, com atenção para os meses de janeiro, abril, junho e outubro.

O Sol na Revolução Solar está na Casa IX e recebe uma oposição de Saturno em Peixes, regente do mapa, confirmando que este será um ano de obstáculos a serem vencidos e retomadas significativas, com a certeza de bons resultados se agirmos de forma pisciana: pacificadora, inclusiva e com senso de comunidade. Na Casa IX, este Sol também indica um ano com forte atuação dos sistemas judiciário e legislativo.

Sol e Saturno, juntos, reforçam a necessidade de investimentos na educação, nas universidades e no setor de pesquisas. Saturno na Casa III em quadratura a Júpiter sinaliza um compromisso maior com a formação intelectual da juventude e melhores oportunidades de desenvolvimento humano, compatíveis com os tempos atuais.

O destaque deste mapa fica por conta de Plutão na área das finanças e da economia, formando o vértice de um *yod* entre Marte e Mercúrio. Esse alinhamento indica um tempo de maior consciência sobre a força de trabalho das mulheres mães na economia do país, que ocorre indiretamente na forma de cuidado e sem remuneração, caindo na invisibilidade, bem como sobre o melhor aproveitamento de talentos universitários, com ênfase em investimentos na produção de ciência e inovação. Para esses dois temas, devemos ter iniciativas legislativas mais sérias e que a participação da sociedade civil esteja mais atuante.

Júpiter em Gêmeos na área da saúde indica a necessidade de atualização de equipamentos públicos nessa área, bem como a incorporação de novas técnicas e protocolos pautados em evidências científicas, substituindo práticas obsoletas e negacionismos. Júpiter recebe uma quadratura de Saturno em Peixes e sugere a necessidade de amplificação da cobertura vacinal em ambientes escolares e de trabalho, com esforços para combater a desinformação. Indica também a necessidade de uma política de saúde integral, que se ocupe com a dimensão emocional dos sujeitos e ofereça um cuidado efetivo à saúde mental, especialmente dos trabalhadores. Por estar na Casa VI, Júpiter sinaliza ainda a necessidade de revisão da legislação, que precisa de atualizações para acompanhar os novos arranjos de trabalho que chegaram com a pandemia, mas que vieram para ficar.

A Lua está em Libra na Casa X, acompanhada de Vênus e Lilith nesse mesmo signo. Esse alinhamento aponta o tema da representatividade da mulher em ambientes de poder e nos processos de tomada de decisão, reforçando a efetividade dos programas de cotas femininas em empresas e na política. Essa posição também sugere a indicação de uma figura feminina para representar o país e conduzir assuntos de relevância internacional.

A Lua simboliza ainda o povo e seus anseios, e, estando no signo de Libra, pode representar o desejo maior de um povo por união e superação das polarizações que nos custaram tanto em nível pessoal. Vênus neste ponto também traz mais consciência sobre os papéis de gênero nos relacionamentos afetivos e como precisamos ir além de estereótipos culturais para que, em nossa sociedade, não seja um risco para a mulher se casar e formar uma família. O alinhamento de Lilith sugere a formulação de políticas públicas mais eficientes para o tema da violência contra a mulher e a ampliação de equipamentos e medidas legais para mulheres e seus filhos em situação de violência.

Mercúrio é o regente da natividade, e, por estar em Leão e na Casa IX, sinaliza que o caminho é de crescimento pela renovação das formas de pensar. Este será um ano para nos atualizarmos em nossas referências de mundo, incorporarmos novos elementos à cultura dominante e percebermos que nossa maior riqueza é justamente a diversidade, inclusive a religiosa. Com mais referências, ampliaremos nossos recursos para lidar com as adversidades e superá-las.

MOMENTOS IMPORTANTES DO ANO

Começamos o ano com uma inspiradora Lua Nova ao lado de Plutão, o planeta das grandes transformações, em uma lunação de Capricórnio que aconteceu na Casa XI do mapa do Brasil: a área de projetos de longo prazo e do crescimento em rede – sinais significativos de que os trabalhos realizados este ano repercutirão positivamente no futuro.

Ao final de janeiro, a lunação aquariana acontece próximo ao Nodo Norte do país, já abrindo caminhos para a participação do Brasil no cenário internacional. Com Saturno e Netuno em Peixes, os temas do combate à desinformação e de novas formas de investimento econômico, sobretudo o amparo financeiro à proteção ambiental, ficam em evidência.

Em março, a Lua Cheia sobre o Sol natal do país parece ser um bom momento para consolidar medidas econômicas de proteção à economia popular e reformas mais efetivas no setor tributário. É possível um novo ajuste nas regras previdenciárias. No final de março, Netuno ingressa em Áries e pode causar instabilidades importantes no setor judiciário e educacional.

Durante todo o mês de abril, estaremos em contato com temas regidos por Quíron, que dá oportunidade a reparações históricas e nos conecta às questões dos povos indígenas e seus territórios, bem como ao tema do racismo como chaga histórica do país. A Lua Cheia desse período acontece em sintonia a Júpiter e Plutão em signos de Ar, um indício da necessária atualização dos paradigmas que nos dão base para lidar com esses temas, inclusive ampliando as proteções legais já existentes, que precisam de mais efetividade. Este também é um período que pede mais atenção à economia e às finanças, a políticas públicas voltadas à população de baixa renda e a condições mais realistas para investimentos estrangeiros.

No final de abril, a lunação de Touro acontece em conjunção a Saturno natal e abre boas oportunidades para os setores de infraestrutura, telecomunicações, universidades e pesquisa científica. Porém, a Lua Cheia de maio, oposta a Urano, pede cuidado com imprevistos e situações que destoem da ordem da normalidade. Neste ponto, os signos fixos estarão ativados, e isso se reflete em dificuldades na convergência de ideias, impactando a governabilidade. Saturno ingressa em Áries e se encontra com Netuno, iniciando um ciclo planetário de desintegração das estruturas que respondem a Áries, pedindo assim atenção aos setores da educação, da comunicação, dos transportes e da justiça.

Em junho teremos o ingresso de Júpiter no signo de Câncer, que estimula a criatividade no setor artístico e cultural, ao mesmo tempo que passa a evidenciar o tema do trabalho feminino e da maternidade, passando pela atualização das leis para uma proteção mais eficiente das mulheres. Essa é uma tendência que deve perdurar até novembro.

Em julho teremos o ingresso de Urano no signo de Gêmeos, algo bastante significativo para o Brasil, que tem Lua e Júpiter nesse mesmo signo. Sob a influência de Urano, teremos que revisar a participação do povo na produção das leis, ampliar o acesso à universidade e considerar novas formas de digitalização e automação da vida. Abriremos portanto o caminho para inovações tecnológicas e o desenvolvimento científico, notadamente aplicados à nutrição, produtividade e saúde.

A Lua Cheia de agosto promete mais clareza para lidarmos com questões que envolvam a mulher na sociedade, sua representatividade política, força de trabalho e proteções legais, possibilitando importantes discussões que devem, inclusive, ultrapassar as fronteiras e servir de exemplo para novos paradigmas.

Em setembro, a Lua Cheia marca um tempo de desafios na economia e nas finanças, bem como sinaliza crises políticas e insatisfação popular. Este é um período em que se deverá ter cautela quanto a decisões de longo prazo, tendência que se estenderá até meados de outubro.

No final de outubro, a passagem de Vênus pela Casa VIII do país e a entrada de Júpiter na Casa VI equilibram os ânimos e ajudam a recuperar a confiança nas instituições, pois estaremos na lunação libriana. Saturno está retrógrado e pede ajustes nos planos originais, adaptando-os a um novo momento.

Em novembro, a lunação em Escorpião acontece alinhada a Júpiter, Saturno e Netuno, todos em signos de Água e acionando a emotividade das pessoas, que podem justamente por isso ter o senso de realidade e a razoabilidade reduzidos. É importante manter a positividade e o foco no que de fato tem valor.

O mês de dezembro será de reconstruções e firme compromisso com o futuro, com uma lunação no último grau de Sagitário e ao lado de Marte, planeta que nos convida a conhecer nossa força e capacidade de superação. Vênus também participa desse alinhamento e vem nos lembrar de que a união é poderosa e nos faz alcançar coisas além do que poderíamos imaginar. No último dia do ano, a Lua se alinha a Urano em Gêmeos e traz a consciência de que a criatividade nos permite reimaginar outros futuros, talvez bem mais interessantes, e para os quais vale a pena virar a página e seguir adiante.

Júpiter, Regente de 2025

A Astrologia é o estudo dos ciclos planetários vitais. E, assim como os planetas regem as horas, os dias da semana e os doze signos, regem também os anos. A partir do início do ano zodiacal, em março, estaremos sob a regência de Júpiter, que estará matizando esse ciclo com seus atributos de justiça, esperança, generosidade e prosperidade para todos. Homero, no século IX a.C., chamou-o de "pai dos deuses e dos homens", pois personificava a benevolência e a justiça divinas.

A força de Júpiter nos impulsiona a buscar caminhos, tanto no campo do pensamento abstrato quanto na filosofia, na religião e na ciência, e nesse processo evolutivo ele integra as leis, os métodos e o conhecimento já acumulado pelos homens. Estaremos mais atentos e com o espírito preparado para reavaliar princípios éticos, morais, religiosos e culturais que estão em ebulição nos quatro cantos do planeta?

O ano de 2025 tende a ser um período astrológico favorável à busca de uma síntese entre diversas áreas do saber metafísico, filosófico, humanitário e espiritual, na qual possamos ver a convergência dos impulsos jupterianos não só em palavras, mas também em conquistas e ações humanas.

Júpiter é o impulso que nos leva a querer ver o que está além do meramente físico ou visível, o potencial latente da natureza; é o salto imaginativo que busca transcender a realidade por vezes maçante do cotidiano. As experiências jupterianas mais palpáveis nos fazem evocar a fé, levando-nos à iluminação, aos *insights,* à abundância e às revelações que trazem mais colorido e sentido para a vida.

Do ponto de vista pessoal, Júpiter, nas diferentes casas do mapa de nascimento, informa-nos em que áreas da vida o indivíduo é mais magnânimo, otimista e confiante na maneira de ver e se comprometer com suas metas e propósitos de vida.

De forma bastante sucinta, eis algumas dicas da atuação de Júpiter em Áries ou na Casa I, em Touro ou na Casa II, e assim por diante:

Júpiter em Áries ou na Casa I - Predisposição geral mais otimista, ousada, expansiva e sociável; capacidade de liderança e de estimular pessoas próximas de forma generosa.

Júpiter em Touro ou na Casa II - Facilidade em obter dinheiro por meio do trabalho; mão-aberta, extravagante; gosta de conforto material.

Júpiter em Gêmeos ou na Casa III - Acentuada curiosidade sobre tudo; adora movimento e conversar. Entusiasmo pelo aprendizado e pelo ensino, facilidade de comunicação.

Júpiter em Câncer ou na Casa IV - Preza muito a vida familiar, a casa, os antepassados, as tradições e a cultura de seu país. Sua casa geralmente é grande e espaçosa; gosta de receber e cozinhar.

Júpiter em Leão ou na Casa V - Criatividade na forma de viver: adora se divertir, promover festas, encontros. Sujeito a paixões fulminantes; adora os filhos e atividades artísticas ou infantojuvenis.

Júpiter em Virgem ou na Casa VI - Gosta de exercer sua criatividade no ambiente de trabalho; é autoconfiante, organizado e exigente com todos. Tendência a excessos com a alimentação, o que pode gerar problemas de saúde.

Júpiter em Libra ou na Casa VII - Espírito sociável e empático; é pacifista, diplomático e benevolente nas relações em geral. Pode fazer um bom casamento e atrair oportunidades promissoras em sociedades.

Júpiter em Escorpião ou na Casa VIII - Interesse por simbologia e ocultismo em geral, assim como por assuntos ligados a psicologia e sexualidade. Êxito em aplicações financeiras.

Júpiter em Sagitário ou na Casa IX - Prazer em viajar e conhecer culturas diferentes; gosto pelo aprendizado e pelos estudos superiores. Interesse por conhecimentos filosóficos e pela vida espiritual.

Júpiter em Capricórnio ou na Casa X - Intuição e visão ampla na vida profissional; atitude confiante perante a vida. Espírito humanitário, filantrópico ou generoso com seu legado de vida.

Júpiter em Aquário em na Casa XI - Adora fazer novos amigos e compartilhar planos para o futuro. Engajamento político ou humanitário; precisa se sentir útil para a sociedade.

Júpiter em Peixes na Casa XII - Proteção do mundo espiritual, ligação com a vida inconsciente e o mundo da imaginação e dos sonhos. Generosidade e compaixão por todos os que sofrem.

Particularidades e Correspondências Astrológicas de Júpiter

- **Elemento:** Fogo.
- **Signo que rege:** Sagitário.
- **Ritmo:** mutável.
- **Função psíquica:** intuição.
- **Natureza:** idealista, extravagante, imponente, generosa e arrojada.
- **Anatomia zodiacal:** coxas, região sacral, pernas, quadril, nervo ciático, fígado, pâncreas.
- **Pedras:** ametista, safira, turquesa.
- **Cores:** índigo, amarelo.
- **Metal:** estanho.
- **Animais:** cavalo, elefante.
- **Ave:** Águia.
- **Patologias:** problemas com fígado, pâncreas, nervo ciático, acúmulo de gordura, excesso de peso.
- **Dia da semana:** sexta-feira.
- **Flores:** lavanda, íris, orquídeas.
- **Árvores:** carvalho, figueira.
- **Personalidades:** Jimi Hendrix, Woody Allen, Steven Spielberg, Papa João XXIII, William Blake, Frank Sinatra, Beethoven.

- **Ocupações:** filósofos, religiosos, promotores, juízes, professores, ministros, filantropia em geral, embaixadores.
- **Símbolos:** centauro e a flecha.
- **Afinidades por pessoas de:** Áries e Leão.
- **Atração por pessoas de:** Gêmeos, Aquário e Libra.
- **Traços positivos:** senso de justiça, benevolência, necessidade de aperfeiçoamento, franqueza, devoção, dignidade, desejo de elevação espiritual, proteção, abundância, otimismo, fé.
- **Traços negativos:** confiança excessiva, arrogância, prometer demais, imoralidade, extravagância, excesso de confiança, fanatismo, megalomania, procrastinação, exibicionismo, autoindulgência, hipocrisia, ausência de limites, desobediência às leis.

Conclusão

A astrologia é uma linguagem simbólica e sua natureza é arquetípica, pois diz respeito à humanidade em geral. Cada um dos planetas evoca uma faceta humana, e entendê-los propicia um caminho para a compreensão dos indivíduos, assim como de seu processo evolutivo – aquilo que a psicologia analítica definiu como processo de individuação.

Assim, o trabalho com os símbolos, sejam eles astrológicos, mitológicos ou mesmo oníricos, é um valioso estímulo para que sejamos mais capazes de adentrar os inevitáveis paradoxos, conflitos e sofrimentos da vida.

A essa capacidade humana de criar símbolos, Carl Jung deu o nome de "função transcendente", quando já é possível a integração da vida consciente e da vida inconsciente, o que nos permite fazer a passagem de um estágio da existência para outro.

Júpiter é sem dúvida essa motivação ou impulso que todos temos: a reflexão, a abstração filosófica que nos leva ao sentido e ao significado da vida. Em algum momento da existência a questão "O que estou fazendo aqui?" vai surgir para o indivíduo.

Esse poder transformador de Júpiter reside em sua inerente dimensão filosófica, existencial e espiritual. Ainda que a vida em si não tenha sentido, cada um de nós busca, de forma mais ou menos consciente, e mais ou menos feliz, uma resposta e um significado para a vida pessoal.

Júpiter na mitologia, na Astrologia e no Tarô

Júpiter na Mitologia – Mito de Zeus

Zeus era filho de Cronos e Réa. Cronos havia se tornado um tirano odioso e, com medo de ser destronado, devorava imediatamente todos os seus filhos recém-nascidos. Réa, exausta dessa função procriadora, revoltou-se e tramou um plano para iludir o esposo. Foi até Creta numa distante caverna e lá deu à luz Zeus.

Gaia, que é a Mãe Terra, acolheu e cuidou da criança; Zeus também ficou aos cuidados da cabra Amalthéa, que o amamentou por muito tempo. Réa, sua mãe, voltou para casa e deu ao marido uma pedra envolta em panos, e ele, sem de nada desconfiar, a engoliu prontamente. Réa assim salvou Zeus, cumprindo desse modo a profecia de que um dos filhos de Cronos ocuparia um dia o trono do mundo.

Na idade adulta, Zeus voltou para casa; com a ajuda de Métis, a Prudência, o filho de Cronos fez o pai beber uma poção mágica, o *pharmakon*.

Mal Cronos a engoliu, passou a vomitar seus filhos, já adultos. Primeiro a pedra, depois Héstia, em seguida Deméter, Hera e, após, Hades e Poseidon.

Uma terrível batalha pelo poder sobreveio e durante dez anos lutaram Cronos e os Titãs de um lado, e, de outro, Zeus, seus irmãos, os Ciclopes e os Cem-Braços.

Durante o pior estágio da batalha, as montanhas desabaram, abrindo fendas na Terra, e voltaram as neblinas que estavam no Abismo. O Céu despencou sobre a Terra. Voltou-se ao caos primordial.

Por fim venceu Zeus, o futuro grande deus do Olimpo. Os Titãs, forças primordiais e violentas, foram despachados aos mundos inferiores, e Cronos foi viver nas ilhas do fim do mundo. A vitória de Zeus restabeleceu a ordem do mundo.

Agradecidos, os Ciclopes deram a Zeus o raio e o trovão; a Hades ofereceram um capacete mágico que o tornava invisível, e a Poseidon presentearam com um tridente com o qual ele poderia abalar tanto a terra quanto o mar.

Em majestosa conferência, os vencedores reuniram-se e dividiram entre si o domínio do mundo. Hades seria o Senhor dos Mortos, habitando o Tártaro. Poseidon ganhou a soberania dos oceanos, e Zeus subiu ao Olimpo para de lá comandar, altíssimo e absoluto, os deuses e os homens.

Júpiter na Astrologia – Zeus e Sagitário

Na Grécia antiga, o nome Zeus derivava de *djeus*, que vem a ser "Luz do Céu", o "doador da luz"; em Roma, esse nome vem de *Diu-pater*, que significa "Deus Pai".

Zeus, em seu papel de iluminador, está associado ao trovão e ao relâmpago, e sua arma é o raio, que pode tanto iluminar quanto destruir. Ele tem o poder de revelar e despertar, fazendo surgir novas crenças e valores. Contudo, para que a liberação do crescimento chegue, é preciso enfrentar o medo e as resistências, típicos da estagnação, pois a "visão" que chega com a luz jupteriana é o início das transformações e do processo evolutivo. A teleologia diz respeito a essa finalidade e também ao propósito maior da vida, sugeridos pelo simbolismo de Júpiter no campo do saber astrológico.

Júpiter, na astrologia, representa a reflexão, a capacidade da psique de criar símbolos, de evocar a imaginação, e a capacidade de vislumbrar novas possibilidades.

O homem inicia seu caminho rumo à transcendência após o cumprimento das metamorfoses vivenciadas em Escorpião, com sua transmutação da matéria e todas as questões relativas à morte e ao renascimento, seja no plano anímico ou físico dos seres humanos.

A energia transmutada no corpo e na consciência depois se arroja para o alto, em direção ao plano metafísico, rumo a uma visão mais transcendental da vida e de si mesmo.

O signo de Sagitário pertence ao elemento Fogo e ao modo mutável, expressando o idealismo e a visão metafísica do ser humano. É simbolizado pela figura mítica do centauro, cuja parte inferior do corpo é representada por um cavalo e a parte superior é uma forma humana. O símbolo fala por si. O centauro, o Arqueiro, segura um arco e uma flecha que é dirigida para o céu, para o alto, que é o plano divino. Aqui vemos o processo evolutivo da alma, a procura por valores espirituais e filosóficos; o centauro mitológico é uma síntese da natureza animal e da natureza humana diferenciada: a imanência dos sentidos e dos instintos e a busca pela transcendência.

Daí a relação de Júpiter, Sagitário e a Casa IX do zodíaco, a área do saber, da filosofia e da espiritualidade, o caminho a ser percorrido em direção a uma meta superior de realização. Sagitário seria o portal para a universalidade, aquele que religa o humano ao plano sagrado ou divino. Júpiter representa a maturidade, a sabedoria, a capacidade de julgamento, as leis sociais. A vida acadêmica e os estudos superiores têm assim uma relação intrínseca com o saber acumulado, que forma a cultura de todas as civilizações.

Júpiter e o Tarô

Parece haver unanimidade ao se atribuir o planeta Júpiter à carta do Imperador no tarô.

Júpiter/Zeus era o pai dos deuses e dos homens. Como vimos, seu nome vinha de *djeus*, que se traduz por "luz do céu". É, portanto, o deus do relâmpago e da iluminação. Quando ele emerge como o vitorioso rei dos deuses, estabelecendo um novo domínio celestial, reflete simbolicamente a imersão da consciência coletiva em um novo princípio espiritual e aquilo que pertence ao espírito eterno, em contrapartida a uma vida predestinada unicamente ao plano físico e material.

Por sua vez, a Carta IV do tarô, O Imperador, denota ordem, razão, ação e a energia necessária para os homens realizarem suas criações efêmeras. Com o Imperador, o que é virtual torna-se real, e as palavras têm magia. Ele representa a visão e os conceitos globais que se tornam úteis quando aplicados em nível concreto. É também associado às ações executadas em todos os níveis e ditadas pela verdade, pela justiça e pela força de vontade; e aos quatro estágios da evolução, isto é: força, ação, palavra e significados direcionados.

Esta carta também exprime autoridade, energia, poder, justiça, perseverança, rigor, firmeza, consequência, precisão, possibilidades que facilitam a execução de um projeto, circunstâncias favoráveis, paz, união, harmonia de sentimentos, bondade, piedade, fusão de empreendimentos comerciais, corporações, boa saúde, um protetor influente.

Entrada do Sol nos Signos para 2025

	Signo	Data	Horário
	AQUÁRIO	19 de janeiro	17h01
	PEIXES	18 de fevereiro	7h08
	ÁRIES	20 de março	6h03
	TOURO	19 de abril	16h57
	GÊMEOS	20 de maio	15h56
	CÂNCER	20 de junho	23h43
	LEÃO	22 de julho	10h31
	VIRGEM	22 de agosto	17h35
	LIBRA	22 de setembro	15h20
	ESCORPIÃO	23 de outubro	00h52
	SAGITÁRIO	21 de novembro	22h37
	CAPRICÓRNIO	21 de dezembro	12h04

Tábua Solar para

2025

O Sol caminha em média 1 grau por dia ao se deslocar ao longo do zodíaco. Nesta tabela, você vai encontrar a posição dele a cada 5 dias, calculada para a meia-noite e a partir do meridiano de Greenwich.

Janeiro			Fevereiro			Março		
Dia	Posição	Signo	Dia	Posição	Signo	Dia	Posição	Signo
1º	10°48’	Capricórnio	1º	12°22’	Aquário	1º	10°38’	Peixes
5	14°53’	Capricórnio	5	16°25’	Aquário	5	14°39’	Peixes
10	19°59’	Capricórnio	10	21°29’	Aquário	10	19°39’	Peixes
15	25°4’	Capricórnio	15	26°32’	Aquário	15	24°39’	Peixes
20	0°10’	Aquário	20	1°35’	Peixes	20	29°37’	Peixes
25	5°15’	Aquário	25	6°37’	Peixes	25	4°35’	Áries
31	11°21’	Aquário	28	9°38’	Peixes	31	10°31’	Áries

Abril			Maio			Junho		
Dia	Posição	Signo	Dia	Posição	Signo	Dia	Posição	Signo
1º	11°30’	Áries	1º	10°52’	Touro	1º	10°46’	Gêmeos
5	15°27’	Áries	5	14°45’	Touro	5	14°36’	Gêmeos
10	20°22’	Áries	10	19°35’	Touro	10	19°23’	Gêmeos
15	25°16’	Áries	15	24°25’	Touro	15	24°9’	Gêmeos
20	0°9’	Touro	20	29°14’	Touro	20	28°56’	Gêmeos
25	5°2’	Touro	25	4°3’	Gêmeos	25	3°42’	Câncer
30	9°54’	Touro	31	9°48’	Gêmeos	30	8°28’	Câncer

Julho			Agosto			Setembro		
Dia	Posição	Signo	Dia	Posição	Signo	Dia	Posição	Signo
1º	9°26’	Câncer	1º	9°1’	Leão	1º	8°49’	Virgem
5	13°14’	Câncer	5	12°51’	Leão	5	12°42’	Virgem
10	18°0’	Câncer	10	17°38’	Leão	10	17°33’	Virgem
15	22°46’	Câncer	15	22°26’	Leão	15	22°25’	Virgem
20	27°33’	Câncer	20	27°14’	Leão	20	27°17’	Virgem
25	2°19’	Leão	25	2°3’	Virgem	25	2°11’	Libra
31	8°3’	Leão	31	7°51’	Virgem	30	7°5’	Libra

Outubro			Novembro			Dezembro		
Dia	Posição	Signo	Dia	Posição	Signo	Dia	Posição	Signo
1º	8°4’	Libra	1º	8°49’	Escorpião	1º	9°2’	Sagitário
5	12°0’	Libra	5	12°49’	Escorpião	5	13°5’	Sagitário
10	16°56’	Libra	10	17°50’	Escorpião	10	18°10’	Sagitário
15	21°53’	Libra	15	22°52’	Escorpião	15	23°15’	Sagitário
20	26°51’	Libra	20	27°54’	Escorpião	20	28°20’	Sagitário
25	1°49’	Escorpião	25	2°57’	Sagitário	25	3°26’	Capricórnio
31	7°49’	Escorpião	30	8°1’	Sagitário	31	9°32’	Capricórnio

Tábua do Nascimento e Ocaso do Sol

(hora legal de Brasília)

Data	Brasília		Rio de Janeiro		São Paulo	
	Nasc. (hora)	Ocaso (hora)	Nasc. (hora)	Ocaso (hora)	Nasc. (hora)	Ocaso (hora)
1º de janeiro	05h44	18h47	05h11	18h42	05h24	18h57
11 de janeiro	05h50	18h49	05h18	18h44	05h30	18h59
21 de janeiro	05h56	18h50	05h25	18h43	05h38	18h58
1º de fevereiro	06h02	18h49	05h33	18h40	05h46	18h54
11 de fevereiro	06h06	18h45	05h39	18h34	05h52	18h49
21 de fevereiro	06h10	18h40	05h45	18h28	05h58	18h42
1º de março	06h12	18h36	05h49	18h21	06h02	18h35
11 de março	06h14	18h29	05h53	18h12	06h07	18h26
21 de março	06h16	18h21	05h57	18h02	06h11	18h16
1º de abril	06h17	18h13	06h01	17h52	06h15	18h05
11 de abril	06h19	18h06	06h05	17h43	06h19	17h56
21 de abril	06h21	18h00	06h08	17h34	06h23	17h47
1º de maio	06h23	17h55	06h13	17h27	06h27	17h40
11 de maio	06h26	17h50	06h17	17h21	06h32	17h34
21 de maio	06h29	17h48	06h21	17h17	06h36	17h30
1º de junho	06h32	17h47	06h26	17h15	06h41	17h27
11 de junho	06h35	17h48	06h30	17h15	06h45	17h27
21 de junho	06h38	17h49	06h33	17h17	06h48	17h29
1º de julho	06h40	17h52	06h34	17h19	06h49	17h32
11 de julho	06h40	17h55	06h34	17h23	06h49	17h36
21 de julho	06h39	17h58	06h32	17h27	06h46	17h40
1º de agosto	06h35	18h01	06h27	17h32	06h41	17h45
11 de agosto	06h31	18h03	06h21	17h36	06h35	17h49
21 de agosto	06h25	18h05	06h13	17h39	06h27	17h52
1º de setembro	06h17	18h06	06h03	17h43	06h17	17h56
11 de setembro	06h10	18h07	05h53	17h46	06h07	17h59
21 de setembro	06h02	18h08	05h43	17h49	05h57	18h02
1º de outubro	05h54	18h09	05h33	17h52	05h47	18h06
11 de outubro	05h47	18h10	05h24	17h56	05h37	18h10
21 de outubro	05h40	18h12	05h15	18h00	05h28	18h14
1º de novembro	05h35	18h16	05h08	18h06	05h20	18h20
11 de novembro	05h32	18h20	05h02	18h12	05h15	18h26
21 de novembro	05h30	18h25	04h59	18h18	05h12	18h33
1º de dezembro	05h31	18h31	04h59	18h25	05h11	18h40
11 de dezembro	05h34	18h37	05h01	18h32	05h13	18h47
21 de dezembro	05h38	18h42	05h05	18h38	05h17	18h53

Como a variação do horário é mínima, apresentamos apenas o nascimento e ocaso do Sol dos dias 1º, 11 e 21 de cada mês.

Dados cedidos pelo Departamento de Astronomia do Instituto de Astronomia, Geofísica e Ciências Atmosféricas da Universidade de São Paulo.

Tudo o Que Você Precisa Saber sobre a Lua em 2025

Não há como fazer previsões sem levar em conta tanto o Sol quanto a Lua. Ambos têm a mesma importância, agindo apenas em áreas diferentes de nossa vida. O Sol é considerado masculino, afetando o campo da razão, e a Lua representa o feminino, agindo no campo das emoções, ou seja: o Sol rege os comportamentos relacionados à vida prática das pessoas, e a Lua, as emoções que afetam diretamente nossas decisões.

LUA EM ÁRIES: Não se deixe envolver por questões sentimentais; mantenha o foco nas demandas cotidianas e trabalhe o autocontrole.

LUA EM TOURO: Use a intuição para evitar tomar decisões equivocadas. Respeite as opiniões alheias e conserve a serenidade. Seja ainda mais prático.

LUA EM GÊMEOS: Preze a proatividade. Evite poupar os outros ou ficar em cima do muro, pois poderá haver problemas em um futuro próximo.

LUA EM CÂNCER: Controle o sentimentalismo e mantenha seus amigos o mais próximo possível. Evite aborrecimentos que possam afetar seus relacionamentos.

LUA EM LEÃO: Dê um freio à arrogância, valorizando a opinião e a ação das outras pessoas. Haverá sucesso no campo profissional.

LUA EM VIRGEM: Para não ficar constrangido ou constranger os outros, evite críticas não construtivas, pois elas afetam diretamente o modo como você é visto.

LUA EM LIBRA: Leve a opinião dos demais em consideração. Mantenha o equilíbrio corpo-mente e priorize agir sempre de modo correto.

LUA EM ESCORPIÃO: Procure tomar decisões assertivas em todos os aspectos da vida, sem se deixar levar pelas emoções. Evite atritos no ambiente de trabalho.

LUA EM SAGITÁRIO: A sorte será uma constante; aproveite essa dádiva com ações positivas. Se deixar o egoísmo de lado, o mundo se abrirá ainda mais para você.

LUA EM CAPRICÓRNIO: Você terá resultados positivos se usar toda a sua determinação e obstinação. Mantenha o foco e também sua opinião.

LUA EM AQUÁRIO: Embora fujam do convencional, suas ações geralmente dão certo. Continue a surpreender todos, prezando pela retidão.

LUA EM PEIXES: Continue firme em seus propósitos, deixando de lado todo esse sentimentalismo e negatividade. Siga por esse caminho, e seus empreendimentos terão êxito.

As Lunações e os Trânsitos Planetários para 2025

O movimento dos cinco planetas lentos (Júpiter, Saturno, Urano, Netuno e Plutão) através do Zodíaco indica os ciclos planetários e as tendências das manifestações individuais e coletivas da humanidade. A interpretação astrológica dos trânsitos e dos aspectos dos planetas lentos, bem como a interpretação das lunações mensais, revelam as tendências de processos individuais e coletivos que se refletirão na mentalidade das pessoas durante o ano de 2025.

O movimento dos planetas lentos durante o ano de 2025

- **Júpiter** inicia o ano em movimento retrógrado a 13°12' de Gêmeos, e entrará em movimento direto no dia 4 de fevereiro, a 11°16', nesse mesmo signo. No dia 10 de junho adentrará o signo de Câncer a 0°1', e no dia 11 de novembro entrará em movimento retrógrado a 25°9' desse signo, terminando o ano ainda nesse mesmo movimento, a 21°29'. Júpiter fará quadratura com Netuno em Áries entre 15 e 26 de junho, e um trígono com Saturno em Peixes no final de outubro até a primeira semana de dezembro de 2025.
- **Saturno** inicia o ano a 14°31' de Peixes, em movimento direto. No dia 26 de maio entrará o signo de Áries a 0°3'. No dia 13

de julho vai ficar em movimento retrógrado a 1°56' desse signo, voltando ao signo de Peixes no dia 3 de setembro, a 29°57'. No dia 28 de novembro entrará em movimento direto a 25°9', terminando o ano a 26°6' de Peixes. Saturno em Peixes fará sextil com Urano em Touro desde a última semana de março até meados de abril; depois, uma conjunção com Netuno em Áries do final de junho até o final de agosto; e em seguida fará trígono com Júpiter em Câncer desde o final de outubro até a primeira semana de dezembro.

- **Urano** inicia o ano a 23°38' do signo de Touro em movimento retrógrado. No dia 30 de janeiro, entrará em movimento direto a 23°15', e no dia 8 de julho entrará em Gêmeos a 0°1' desse signo. Em 6 de setembro ficará em movimento retrógrado a 1°27' de Gêmeos. No dia 9 de novembro voltará para 29°57' do signo de Touro, terminando o ano em 27°58' desse mesmo signo. Urano em Touro fará um sextil com Saturno em Peixes desde o final de março até meados de abril. Urano em Gêmeos fará um sextil com Netuno em Áries desde o final de julho até o fim de setembro. Depois, fará um trígono com Plutão em Aquário desde 11 de agosto até o final de outubro. Urano em Touro (retrógrado) fará um sextil com Netuno em Peixes (retrógrado) do início de novembro até a primeira quinzena de dezembro.

- **Netuno** inicia o ano a 27°17' do signo de Peixes em movimento direto. No dia 31 de março entrará no signo de Áries a 0°1', ficando retrógrado no dia 4 de julho, a 2°10' desse signo. Em 23 de outubro voltará para 29°59' do signo de Peixes. No dia 10 de dezembro, retoma o movimento direto, a 29°22', e termina o ano a 29°29' desse mesmo signo. Netuno em Peixes fará quadratura com Júpiter em Gêmeos entre 15 e 26 de junho. No signo de Áries, fará uma conjunção com Saturno desde o final de junho até o fim de agosto. Fará também um sextil com Plutão em Aquário desde o início de julho até meados de outubro. Em Áries, Netuno fará um sextil com Urano em Gêmeos do fim de junho até final de setembro. Netuno em Peixes fará um sextil com Urano em Touro do início de novembro até meados de dezembro.

- **Plutão** inicia o ano em 1°3' de Aquário em movimento direto. No dia 4 de maio entrará em movimento retrógrado a 3°49' desse signo. Em 14 de outubro retomará o movimento direto a 1°21', terminando o ano a 2°41' de Aquário. Plutão em Aquário fará um sextil com Netuno em Áries do início de julho até meados de outubro, e também um trígono com Urano em Gêmeos desde 11 de agosto até o fim de outubro.

Interpretação dos trânsitos dos planetas lentos em 2025

- **Saturno em Peixes em sextil com Urano em Touro: 23 de março até meados de abril**

  Ciclo favorável para planejamento de empreendimentos de infraestrutura no médio e longo prazos, tais como moradias, estradas ou saneamento básico. Novidades tecnológicas tendem a aumentar a produtividade do agronegócio, que já tem sido muito relevante, não só para a economia, mas também para a garantia de produção de alimentos.

- **Júpiter em Câncer em quadratura com Netuno em Áries: 15 a 25 de junho**

  Júpiter neste signo também representa mais produtividade ou expansão da agricultura familiar, favorecendo a população que vive longe das grandes cidades, preservando-se assim uma vida mais natural. Essa posição astrológica enfatiza ainda a manutenção dos valores tradicionais de cada país, assim como o respeito pelo patrimônio cultural, que representam soberania e amor à pátria. Essa quadratura evidencia possíveis divergências políticas que trarão conflitos territoriais.

- **Saturno em conjunção com Netuno em Áries: final de junho até final de agosto**

  Esse trânsito pode mostrar avanços e pesquisas inovadoras na área da neurociência, sendo muito valiosos para se desvendar cada vez mais o funcionamento da mente humana. Também pode entrelaçar pressupostos científicos com preceitos da espiritualidade de forma relevante. Os seres humanos tendem a descobrir poderes mentais que ainda eram desconhecidos. Poderá haver uma participação mais assertiva dos indivíduos em seu processo de bem-estar e cura.

- **Netuno em Áries em sextil com Plutão em Aquário: final de junho até final de setembro**

  Os dois trânsitos acontecem simultaneamente, guardando semelhanças entre si. Ciência e espiritualidade convergem cada vez mais para beneficiar a saúde da população, e isso inclui o bem-estar físico, mental, social e espiritual, não só a ausência de doenças. A neuroplasticidade ou plasticidade neuronal corrobora essa tendência quando afirma que o cérebro humano pode se modificar com conexões neurais inéditas em novas interações com o meio ambiente. As chamadas curas "quânticas" guardam em seu bojo uma convergência entre o pensamento científico e a espiritualidade. A expansão das chamadas terapias complementares ou holísticas segue com força, acentuando uma busca por tratamentos naturais e menos invasivos. Essas técnicas vibracionais já conhecidas reestruturam a energia vital, abarcando a dimensão vibratória, emocional, espiritual e energética. Entre elas, temos a acupuntura, a radiestesia, a meditação, a cromoterapia, os florais, o Reiki, a ozonioterapia, a aromaterapia, a yoga, a fitoterapia etc.

- **Urano em Gêmeos em trígono com Plutão em Aquário: 11 de agosto até final de outubro**

  Período de muita renovação e de grandes avanços na ciência, nas estruturas sociais e culturais. A descentralização do conhecimento permite mais rapidez na divulgação de conquistas efetuadas, e isso gera um movimento positivo para novos desafios dentro desse contexto. A internet e os celulares possivelmente funcionarão via satélite, o que permitirá mais liberdade, velocidade e transparência nas informações. Essa redefinição e descentralização podem ocorrer também no sistema financeiro, em que os ativos digitais serão mais protegidos das quebras de mercado e da corrupção, e tudo isso permitirá mais liberdade, além de uma integração mais saudável da economia global. Plutão é um planeta que traz revelações, e nesse período poderemos ter um resgate de tecnologias avançadas que ficaram ocultas por longo tempo e que agora trarão grandes benefícios para a humanidade. Surgirão muitas novidades tecnológicas nos transportes, no ensino e na educação, além de novas profissões. As redes sociais deverão ser reestruturadas com propósitos mais voltados para a melhoria da educação, para todas as classes sociais. O contato com seres extraterrestres aos poucos poderá se tornar realidade.

- **Júpiter em Câncer em trígono com Saturno em Peixes: final de outubro até a primeira semana de dezembro**

  Esse trânsito coloca em evidência aspectos relacionados ao simbolismo de signos de Água, evidenciando o amor à pátria, a família e o conservadorismo. Os valores mais tradicionais ganharão espaço, traduzindo a necessidade de segurança, aquilo que em termos históricos já é conhecido e arraigado dentro da estrutura social e cultural da população em geral. Os anseios coletivos encontrarão respaldo na cooperação e na solidariedade humana, em que os vínculos afetivos e os sentimentos vão se sobrepor às teorias abstratas de organização social idealizadas, que na verdade beneficiam poucos.

- **Urano em Touro em sextil com Netuno em Peixes: início de novembro até a primeira quinzena de dezembro**

  Este ciclo acontece agora em signos de Terra e Água, em movimento de retrogradação nos graus finais desses mesmos signos. Podem se consolidar as tendências observadas quando os planetas transitavam em signos de Ar e Fogo (respectivamente, Gêmeos e Áries), expressando relevantes conquistas no plano da ciência, do aprendizado ou do conhecimento em geral, e que no momento se confirmam mais intensamente também no plano físico e emocional dos indivíduos, em especial no âmbito da fé ou da religiosidade.

As lunações de 2025 – Calculadas no fuso horário de Brasília (DF)

1ª lunação

A primeira lunação de 2025 ocorrerá em 29 de janeiro, às 9h37, a 9°51' de Aquário. Os dois luminares, Mercúrio e Plutão, estão ocupando a Casa XI da carta celeste. Sol e Lua fazem ângulo positivo com Júpiter em Gêmeos na Casa III. Essa configuração representa uma possível expansão ou novas diretrizes na educação de nível médio, em atividades comerciais, no turismo interno e nas áreas de comunicação em geral.

Rodovias, ferrovias e o transporte urbano podem receber mais investimentos e atenção dos governantes.

Urano, regente da lunação, encontra-se na Casa II, fazendo sextil com Vênus em Peixes e com Marte em Câncer, que é o regente do Ascendente da carta, a 0°20' de Áries, primeiro grau do Zodíaco – algo muito sugestivo para essa primeira lunação. Essa posição de Marte na Casa IV é condizente com novos impulsos ou decisões positivas em assuntos relacionados ao agronegócio, ao patrimônio da terra a ser cultivada e a todos os que dependem diretamente dela, sejam fazendeiros ou sitiantes que lidam com a agricultura familiar. Favorece também o mercado imobiliário.

2ª lunação

No dia 27 de fevereiro, teremos a segunda lunação do ano, às 21h46, a 9°40' de Peixes. Ocorrerá um expressivo *stellium* nesse signo que ocupa a quinta casa da carta. Sol e Lua fazem uma quadratura com Júpiter, que está em Gêmeos e é o regente da segunda casa. Esse aspecto pode ocasionar tendência a gastos exagerados por parte dos governantes, além de problemas com jurisprudência e divergências quanto à interpretação de leis e processos.

Saturno em Peixes faz trígono com Marte em Câncer, que está na Casa IX, fomentando pesquisas, as artes em geral e investimentos de longo prazo para o Ensino Superior. Urano na sétima casa faz ângulos positivos com Saturno e Mercúrio, favorecendo investimentos estruturais na educação, na área do Ensino Fundamental. Vênus encontra-se em harmonia com Júpiter, podendo trazer equilíbrio à balança externa, à bolsa de valores e à expansão de investimentos; fase também positiva para a saúde pública, as escolas técnicas e os funcionários públicos.

A ênfase do elemento Água na carta pode indicar mais interesse e atenção aos assuntos que envolvam a pesca, a poluição dos oceanos e o saneamento básico das cidades.

3ª lunação

Teremos a terceira lunação deste ano no dia 29 de março, às 7h59, a 9°0' de Áries. Os luminares encontram-se na décima segunda casa, o que pede mais atenção aos assuntos relativos a serviços assistenciais, pensionistas, hospitais e saúde pública. Sol e Lua em bom aspecto com Júpiter em Gêmeos presente na Casa II da carta tornam esse período auspicioso para iniciativas que promovam o mercado literário, eventos, seminários e o turismo interno. Estão favorecidos também os magistrados, as leis, a filantropia e a exportação. A balança comercial tende a passar por um ciclo mais positivo e estável.

Plutão está elevado no Meio do Céu em Aquário em sextil a Mercúrio; Plutão é o regente da Casa VII, promovendo boas parcerias comerciais, acordos e associações. Período positivo também para o comércio exterior e decisões provenientes do Poder Executivo. Por sua vez, Mercúrio impulsiona a internet, a sofisticação dos aparelhos eletrônicos, as redes sociais, a força do mundo digital e o comércio *on-line*.

4ª lunação

No dia 27 de abril, teremos a quarta lunação do ano, às 16h32, a 7°46' do signo de Touro. Sol e Lua formam um ângulo tenso com Plutão em Aquário, que por sua vez faz oposição a Marte em Leão. São todos signos fixos, podendo ser este um indício de um ciclo de tensão, inquietação, resistência a mudanças, situações fora de controle, brigas pelo poder. As medidas autoritárias dos governantes, como aumento da corrupção e de taxações e impostos, não trarão as soluções esperadas. O desenvolvimento do crime organizado será também um problema para a população. Podem surgir pressões econômicas externas que afetarão a balança comercial e mesmo as exportações.

O planeta regente da lunação é Vênus, que está ao lado de Saturno em Peixes na sexta casa, ratificando um ciclo de escassez de recursos e gestão deficitária dos estados, o que empobrecerá os trabalhadores. Trata-se de um período de grandes desafios tanto para os governantes quanto para o cidadão comum, devendo gerar revoltas ou protestos nas grandes cidades.

5ª lunação

Observaremos a quinta lunação do ano no dia 27 de maio, a 6°05' do signo de Gêmeos. Sol e Lua ocupam a quarta casa ao lado de Mercúrio, que está no próprio signo. Esses três planetas fazem um ângulo positivo com Plutão em Aquário. Tal configuração promove investimentos em nosso patrimônio e riquezas naturais, nas tradições culturais e também na produção agrícola.

Plutão está na Casa XI, colocando em destaque o Congresso Nacional, que deve observar e atender melhor os anseios da população. Esse planeta faz um sextil com Netuno e Saturno, que se encontram no início de Áries. Tal configuração sinaliza grandes e profundas movimentações geopolíticas no mundo. O sextil que Plutão faz com o Meio do Céu em Sagitário também evidencia bons acordos e parcerias no comércio internacional, nas importações e exportações. Marte em Leão faz trígono com Vênus em Áries, podendo significar soluções para as dificuldades da lunação anterior; trata-se de um ciclo em que são favoráveis ações mais rápidas e assertivas dentro de um contexto diplomático, em busca da superação de conflitos.

6ª lunação

No dia 25 de junho, às 7h33, observaremos a sexta lunação do ano, que se dará a 4°07' de Câncer. Sol e Lua ocupam a décima segunda casa ao lado de Júpiter. Esses planetas fazem uma quadratura com Saturno e Netuno em Áries, e tal configuração pode representar dificuldades, atrasos e burocracia jurídica referentes ao Poder Judiciário, a embaixadas ou ao direito internacional. Certas decisões ou omissões podem prejudicar hospitais, creches ou os aposentados, pois os repasses da ajuda governamental serão insuficientes para os menos favorecidos da sociedade como um todo.

Mas o sextil dos luminares, bem como Júpiter e Marte em Virgem, podem equacionar essas adversidades – isso terá relação com o poder do agronegócio, que continua sendo o carro-chefe da economia do país.

O mesmo ângulo da lunação anterior, que é Plutão em sextil com Saturno e Netuno, permanece nesta lunação.

Urano em Touro faz sextil com Mercúrio em Câncer, que rege a terceira casa, favorecendo o turismo interno, as viagens rápidas, e rodovias e ferrovias, que trarão mais rapidez na comercialização de alimentos ou bens de consumo.

7ª lunação

A sétima lunação do ano acontecerá no dia 24 de julho, às 16h12, a 2°08' do signo de Leão. Os luminares ocupam a sétima casa e fazem aspectos favoráveis com Saturno e Netuno em Áries; ao mesmo tempo, fazem oposição a Plutão em Aquário. Poderemos observar impasses na área econômica em geral, havendo a possibilidade ainda de restrições em relação a parcerias que enfraquecerão o comércio exterior.

Saturno é o planeta regente do Ascendente da carta, sinalizando que serão necessárias prudência e sabedoria para a resolução de conflitos, tendo em vista que experiências semelhantes no passado também foram solucionadas com perseverança e bom senso, e sobretudo no tempo certo. Urano na quinta casa faz um bom aspecto com os luminares, o que significa maior capacidade de planejamento e investimentos na área de tecnologia, que também vão impulsionar o turismo, a mobilidade urbana e o intercâmbio comercial e cultural em todo o território nacional.

8ª lunação

No dia 23 de agosto, teremos a oitava lunação de 2025, às 3h08, a 0°23' do signo de Virgem. O planeta Urano ocupa a décima primeira casa e está em ângulo de tensão com os luminares, que se encontram na segunda casa da carta. Esse aspecto pode representar dificuldades e oscilações bruscas na bolsa de valores, além de diminuição em investimentos externos.

Saturno e Netuno em Áries na casa IX fazem trígono com Vênus em Câncer, podendo gerar facilidades para bons acordos que amenizem essa tensão e superem os impasses; ações diplomáticas serão bem-vindas para que haja um equilíbrio nas contas públicas.

Marte é o regente do Meio do Céu da carta e faz sextil com Mercúrio, mostrando que há chances de decisões rápidas e efetivas por parte da liderança política do país. A lunação também favorece o turismo local e internacional, assim como a troca de informações que tragam melhorias, investimentos e crescimento nas áreas de educação em geral e de pesquisas do Ensino Superior.

9ª lunação

A nona lunação do ano acontecerá em 21 de setembro, às 16h55, a 29°05', novamente no signo de Virgem.

O planeta Plutão está em destaque neste ciclo, fazendo bons aspectos não só com os luminares na sétima casa, mas também com Urano em Gêmeos, além de Saturno e Netuno, que ocupam a primeira casa. Sol e Lua fazem oposição a Saturno em Peixes, sinalizando lentidão em soluções para assuntos relativos à segurança pública, o que causará muita insatisfação na população. As organizações independentes do Estado poderão auxiliar nesse contexto, conscientizando a população com esclarecimentos em relação a seus direitos e deveres.

Plutão em Aquário faz trígono com Urano em Gêmeos na terceira casa, favorecendo grande expansão na área de tecnologia, em assuntos relacionados à internet e à comunicação em geral. Essas inovações podem beneficiar especialmente o setor da educação voltado ao Ensino Médio, com aperfeiçoamento de cursos técnicos que deverão ampliar e agilizar o mercado de trabalho para os jovens.

10ª lunação

A décima lunação ocorrerá a 28°21' de Libra, às 9h26 do dia 21 de outubro de 2025. Os luminares ocupam a décima primeira casa, assim como Marte e Mercúrio, que se encontram em Escorpião. Sol e Lua fazem uma quadratura com Júpiter em Câncer e também com Plutão, o que pode representar tensões e muitas divergências de interesse na área política, trazendo insegurança jurídica e afetando a economia e o setor produtivo como um todo. A intransigência e o autoritarismo das partes envolvidas não trarão soluções benéficas de imediato.

Saturno e Netuno fazem um sextil com Urano em Gêmeos na sexta casa, mostrando que a autonomia do setor do agronegócio continua sendo muito relevante para o país. Os investimentos e os recursos tecnológicos de ponta, aliados ao conhecimento acumulado nos últimos anos, mostram uma produtividade com ótimos resultados. Júpiter, que é o regente do Ascendente da carta, faz um trígono com Mercúrio e Marte em Escorpião, evidenciando que discussões produtivas e novas propostas no Congresso também poderão auxiliar o setor da agricultura familiar.

11ª lunação

A décima primeira lunação do ano acontecerá no dia 20 de novembro, às 3h48, a 28°11' do signo de Escorpião. A carta mostra um grande trígono entre os luminares, que estão em signos de Água, com Júpiter em Câncer e Netuno e Saturno em Peixes. O ciclo é auspicioso para mudanças mais profundas nos Poderes Judiciário e Executivo, que estarão empenhados em reformulações de valores culturais e éticos, podendo essas propostas influenciar de forma positiva o setor produtivo do país, impulsionando assim a economia e os investimentos externos.

A área da saúde poderá também ser beneficiária dessas inovações, e isso inclui a valorização daqueles que nela trabalham e ainda a inclusão de terapias complementares ou holísticas, que vêm ganhando espaço e aceitação da população em geral. Os luminares estão na Casa I, evidenciando a participação mais efetiva da população nessas decisões e no fortalecimento da imagem do país no cenário internacional.

12ª lunação

Em 19 de dezembro, às 22h44, acontecerá a décima segunda lunação, a 28°24' do signo de Sagitário. Um *stellium* se forma nesse signo, na Casa IV da carta, fazendo ângulos de tensão com Netuno e Saturno em Peixes, que se encontram na sétima casa. Podem surgir conflitos internacionais que afetem as questões de soberania do país, colocando em xeque tradições culturais ou patrimônios naturais, que exigirão mais atenção para sua preservação. Esse fato pode gerar tensões nas relações diplomáticas e comerciais que por certo vão exigir muita habilidade diplomática e flexibilidade por parte de todos.

Júpiter em Câncer em trígono com Saturno em Peixes pode apontar saídas para esse entrave caso haja a intervenção de pessoas mais sábias e experientes, e que tenham uma visão mais abrangente, com propostas viáveis que se estendam no longo prazo.

Urano em Touro faz sextil com Netuno, sinalizando que a boa vontade e o pragmatismo podem superar certos idealismos e imposições unilaterais que não se concretizarão na realidade.

Tábua Lunar em 2025

JANEIRO			
Aquário	7h51 do dia 1º	**Virgem**	13h47 do dia 16
Peixes	12h22 do dia 3	**Libra**	0h34 do dia 19
Áries	16h02 do dia 5	**Escorpião**	13h21 do dia 21
Touro	19h12 do dia 7	**Sagitário**	1h30 do dia 24
Gêmeos	22h08 do dia 9	**Capricórnio**	10h44 do dia 26
Câncer	1h25 do dia 12	**Aquário**	16h33 do dia 28
Leão	6h13 do dia 14	**Peixes**	19h54 do dia 30

FEVEREIRO			
Áries	22h11 do dia 1º	**Escorpião**	21h20 do dia 17
Touro	0h35 do dia 4	**Sagitário**	9h56 do dia 20
Gêmeos	3h45 do dia 6	**Capricórnio**	20h10 do dia 22
Câncer	8h05 do dia 8	**Aquário**	2h41 do dia 25
Leão	14h02 do dia 10	**Peixes**	5h48 do dia 27
Virgem	22h08 do dia 12		
Libra	8h46 do dia 15		

MARÇO			
Áries	6h53 do dia 1º	**Escorpião**	4h32 do dia 17
Touro	7h38 do dia 3	**Sagitário**	17h18 do dia 19
Gêmeos	9h30 do dia 5	**Capricórnio**	4h30 do dia 22
Câncer	13h30 do dia 7	**Aquário**	12h26 do dia 24
Leão	20h00 do dia 9	**Peixes**	16h33 do dia 26
Virgem	4h57 do dia 12	**Áries**	17h37 do dia 28
Libra	16h00 do dia 14	**Touro**	17h17 do dia 30

ABRIL			
Gêmeos	17h27 do dia 1º	**Capricórnio**	11h13 do dia 18
Câncer	19h51 do dia 3	**Aquário**	20h23 do dia 20
Leão	1h35 do dia 6	**Peixes**	2h08 do dia 23
Virgem	10h41 do dia 8	**Áries**	4h25 do dia 25
Libra	22h13 do dia 10	**Touro**	4h18 do dia 27
Escorpião	10h55 do dia 13	**Gêmeos**	3h36 do dia 29
Sagitário	23h38 do dia 15		

MAIO			
Câncer	4h24 do dia 1º	**Aquário**	2h31 do dia 18
Leão	8h30 do dia 3	**Peixes**	9h30 do dia 20
Virgem	16h41 do dia 5	**Áries**	13h27 do dia 22
Libra	4h07 do dia 8	**Touro**	14h39 do dia 24
Escorpião	16h59 do dia 10	**Gêmeos**	14h23 do dia 26
Sagitário	5h36 do dia 13	**Câncer**	14h34 do dia 28
Capricórnio	16h59 do dia 15	**Leão**	17h18 do dia 30

JUNHO			
Virgem	0h01 do dia 2	**Áries**	20h09 do dia 18
Libra	10h39 do dia 4	**Touro**	22h54 do dia 20
Escorpião	23h24 do dia 6	**Gêmeos**	23h58 do dia 22
Sagitário	11h57 do dia 9	**Câncer**	0h45 do dia 25
Capricórnio	22h56 do dia 11	**Leão**	3h06 do dia 27
Aquário	8h01 do dia 14	**Virgem**	8h45 do dia 29
Peixes	15h10 do dia 16		

JULHO			
Libra	18h18 do dia 1º	**Touro**	5h00 do dia 18
Escorpião	6h34 do dia 4	**Gêmeos**	7h23 do dia 20
Sagitário	19h07 do dia 6	**Câncer**	9h27 do dia 22
Capricórnio	5h56 do dia 9	**Leão**	12h30 do dia 24
Aquário	14h22 do dia 11	**Virgem**	17h57 do dia 26
Peixes	20h46 do dia 13	**Libra**	2h44 do dia 29
Áries	1h33 do dia 16	**Escorpião**	14h26 do dia 31

AGOSTO			
Sagitário	3h02 do dia 3	**Câncer**	16h06 do dia 18
Capricórnio	14h05 do dia 5	**Leão**	20h18 do dia 20
Aquário	22h19 do dia 7	**Virgem**	2h25 do dia 23
Peixes	3h51 do dia 10	**Libra**	11h09 do dia 25
Áries	7h34 do dia 12	**Escorpião**	22h28 do dia 27
Touro	10h23 do dia 14	**Sagitário**	11h06 do dia 30
Gêmeos	13h02 do dia 16		

SETEMBRO			
Capricórnio	22h46 do dia 1º	**Leão**	2h21 do dia 17
Aquário	7h33 do dia 4	**Virgem**	9h24 do dia 19
Peixes	12h55 do dia 6	**Libra**	18h42 do dia 21
Áries	15h38 do dia 8	**Escorpião**	6h01 do dia 24
Touro	17h05 do dia 10	**Sagitário**	18h38 do dia 26
Gêmeos	18h39 do dia 12	**Capricórnio**	6h56 do dia 29
Câncer	21h31 do dia 14		

OUTUBRO			
Aquário	16h53 do dia 1º	**Virgem**	15h07 do dia 16
Peixes	23h08 do dia 3	**Libra**	1h03 do dia 19
Áries	1h49 do dia 6	**Escorpião**	12h43 do dia 21
Touro	2h14 do dia 8	**Sagitário**	1h20 do dia 24
Gêmeos	2h13 do dia 10	**Capricórnio**	13h54 do dia 26
Câncer	3h38 do dia 12	**Aquário**	0h56 do dia 29
Leão	7h48 do dia 14	**Peixes**	8h47 do dia 31

NOVEMBRO			
Áries	12h41 do dia 2	**Escorpião**	18h46 do dia 17
Touro	13h17 do dia 4	**Sagitário**	7h27 do dia 20
Gêmeos	12h22 do dia 6	**Capricórnio**	19h54 do dia 22
Câncer	12h07 do dia 8	**Aquário**	7h17 do dia 25
Leão	14h35 do dia 10	**Peixes**	16h25 do dia 27
Virgem	20h53 do dia 12	**Áries**	22h08 do dia 29
Libra	6h45 do dia 15		

DEZEMBRO			
Touro	0h14 do dia 2	**Sagitário**	13h40 do dia 17
Gêmeos	23h49 do dia 3	**Capricórnio**	1h54 do dia 20
Câncer	22h55 do dia 5	**Aquário**	12h53 do dia 22
Leão	23h49 do dia 7	**Peixes**	22h10 do dia 24
Virgem	4h21 do dia 10	**Áries**	5h03 do dia 27
Libra	13h05 do dia 12	**Touro**	8h58 do dia 29
Escorpião	0h52 do dia 15	**Gêmeos**	10h14 do dia 31

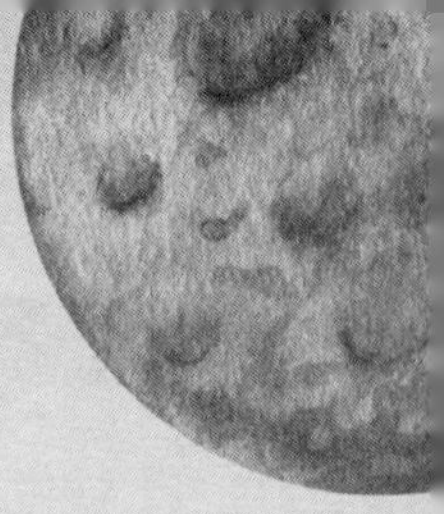

Tabela das Luas Fora de Curso

A Lua completa uma órbita em torno da Terra em cerca de vinte e oito dias, ficando em cada um dos signos por cerca de dois dias. Conforme passa pelos trinta graus de cada signo, ela interage com os planetas ao formar ângulos ou aspectos com eles. Como ela se move um grau a cada duas a duas horas e meia, sua influência sobre cada planeta dura apenas algumas horas. À medida que ela se aproxima dos graus finais do signo pelo qual está passando, acaba formando o que será seu último aspecto com outro planeta antes de deixar o signo. A partir deste ponto até ela realmente entrar no novo signo, ela está "fora de curso".

A Lua simboliza o tom emocional do dia e carrega os sentimentos do signo que ela está "vestindo" no momento. Ela rege os instintos. Depois de entrar em contato com cada um dos planetas, ela simbolicamente "descansa", antes de mudar seu figurino, e, portanto, seus instintos ficam temporariamente suspensos. É durante esse tempo que muitas pessoas se sentem confusas, vagas ou dispersas. Planos ou decisões não se concretizam. Sem o conhecimento instintivo que a Lua proporciona ao tocar cada planeta, tendemos a ser irrealistas ou tomar decisões precipitadas. A Lua fora de curso é considerada, por tradição, um período em que os empreendimentos iniciados têm resultados fracos ou pouco significativos, e isso parece ser verdade. Ações iniciadas na Lua fora de curso são muitas vezes desperdiçadas, irrelevantes ou incorretas, geralmente porque as informações necessárias para tomar uma decisão sólida estão ocultas, ausentes ou foram negligenciadas.

Agora, embora não seja uma boa ideia iniciar planos quando a Lua está fora de curso, tarefas rotineiras parecem prosseguir tranquilamente. No entanto, esse período é realmente ideal para o que a Lua faz de melhor: refletir. É nesse momento que podemos assimilar o que ocorreu nos últimos dias. Aproveite, portanto, esse período para meditar, refletir e imaginar. Deixe sua mente consciente descansar e permita-se sentir.

Por outro lado, lembre-se de que existem outros usos positivos para os períodos em que a Lua está fora de curso. Esses são os momentos em que o universo parece estar mais aberto a oferecer oportunidades para você fazer coisas que normalmente não seriam recomendadas ou possíveis durante outros períodos. É um ótimo momento para fazer planos que você não tem vontade de cumprir ou agendar coisas que você não quer fazer. Em outras palavras, como diz o ditado, "Para tudo, há o tempo certo". Inclusive para as Luas fora de curso.

Último Aspecto		Entrada da Lua num Novo Signo		
Dia	Hora	Dia	Signo	Hora
Janeiro de 2025				
1º	3h03	1º	Aquário	7h51
3	1h14	3	Peixes	12h22
5	11h31	5	Áries	16h02
7	18h17	7	Touro	19h12
9	19h51	9	Gêmeos	22h08
11	21h05	12	Câncer	1h25
14	1h47	14	Leão	6h13
16	1h11	16	Virgem	13h47
18	23h02	19	Libra	0h34
21	1h35	21	Escorpião	13h21
23	21h04	24	Sagitário	1h30
26	6h41	26	Capricórnio	10h44
28	12h50	28	Aquário	16h33
30	8h30	30	Peixes	19h54

Fevereiro de 2025				
1º	19h07	1º	Áries	22h11
3	7h21	4	Touro	0h35
6	0h31	6	Gêmeos	3h45
8	4h53	8	Câncer	8h05
10	10h51	10	Leão	14h02
12	16h13	12	Virgem	22h08
15	5h37	15	Libra	8h46
17	20h25	17	Escorpião	21h20
20	7h07	20	Sagitário	9h56
22	17h40	22	Capricórnio	20h10
25	0h29	25	Aquário	2h41
26	19h06	27	Peixes	5h48

Último Aspecto		Entrada da Lua num Novo Signo		
Dia	Hora	Dia	Signo	Hora
Março de 2025				
1º	5h06	1º	Áries	6h53
2	10h53	3	Touro	7h38
5	7h55	5	Gêmeos	9h30
7	11h58	7	Câncer	13h30
9	18h33	9	Leão	20h00
11	17h17	12	Virgem	4h57
14	14h49	14	Libra	16h00
16	6h54	17	Escorpião	4h32
19	16h29	19	Sagitário	17h18
22	3h54	22	Capricórnio	4h30
24	12h02	24	Aquário	12h26
26	7h16	26	Peixes	16h33
28	17h31	28	Áries	17h37
30	6h19	30	Touro	17h17

Abril de 2025				
1º	14h44	1º	Gêmeos	17h27
3	15h28	3	Câncer	19h51
5	19h56	6	Leão	1h35
8	1h09	8	Virgem	10h41
10	16h50	10	Libra	22h13
13	7h02	13	Escorpião	10h55
15	23h25	15	Sagitário	23h38
18	8h39	18	Capricórnio	11h13
20	14h22	20	Aquário	20h23
22	18h57	23	Peixes	2h08
24	23h58	25	Áries	4h25
26	13h19	27	Touro	4h18
29	2h19	29	Gêmeos	3h36

Último Aspecto		Entrada da Lua num Novo Signo		
Dia	Hora	Dia	Signo	Hora
Maio 2025				
1º	0h50	1º	Câncer	4h24
3	5h03	3	Leão	8h30
5	10h05	5	Virgem	16h41
8	1h12	8	Libra	4h07
10	3h19	10	Escorpião	16h59
13	3h38	13	Sagitário	5h36
15	15h30	15	Capricórnio	16h59
18	1h28	18	Aquário	2h31
20	9h00	20	Peixes	9h30
22	13h08	22	Áries	13h27
24	8h45	24	Touro	14h39
26	10h53	26	Gêmeos	14h23
28	10h02	28	Câncer	14h34
30	13h52	30	Leão	17h18

Junho 2025				
1º	20h39	2	Virgem	0h01
4	8h13	4	Libra	10h39
6	22h06	6	Escorpião	23h24
9	9h08	9	Sagitário	11h57
11	16h59	11	Capricórnio	22h56
14	5h53	14	Aquário	8h01
16	14h32	16	Peixes	15h10
18	18h35	18	Áries	20h09
20	22h50	20	Touro	22h54
22	22h52	22	Gêmeos	23h58
23	5h27	25	Câncer	0h45
27	2h17	27	Leão	3h06
29	8h04	29	Virgem	8h45

Último Aspecto		Entrada da Lua num Novo Signo		
Dia	Hora	Dia	Signo	Hora
Julho 2025				
1º	17h48	1º	Libra	18h18
2	16h31	4	Escorpião	6h34
6	19h05	6	Sagitário	19h07
7	18h31	9	Capricórnio	5h56
10	17h38	11	Aquário	14h22
12	16h46	13	Peixes	20h46
15	14h11	16	Áries	1h33
17	21h39	18	Touro	5h00
20	3h45	20	Gêmeos	7h23
21	16h53	22	Câncer	9h27
23	21h43	24	Leão	12h30
26	8h03	26	Virgem	17h57
28	21h58	29	Libra	2h44
30	1h00	31	Escorpião	14h26

Agosto 2025				
2	22h08	3	Sagitário	3h02
5	12h30	5	Capricórnio	14h05
6	14h41	7	Aquário	22h19
9	4h56	10	Peixes	3h51
11	3h56	12	Áries	7h34
13	19h55	14	Touro	10h23
16	2h13	16	Gêmeos	13h02
18	8h54	18	Câncer	16h06
20	9h28	20	Leão	20h18
21	15h15	23	Virgem	2h25
25	10h55	25	Libra	11h09
26	23h08	27	Escorpião	22h28
29	21h48	30	Sagitário	11h06

Último Aspecto		Entrada da Lua num Novo Signo		
Dia	Hora	Dia	Signo	Hora
Setembro 2025				
1º	22h40	1º	Capricórnio	22h46
4	7h09	4	Aquário	7h33
5	17h53	6	Peixes	12h55
8	14h45	8	Áries	15h38
10	3h55	10	Touro	17h05
12	17h15	12	Gêmeos	18h39
14	19h48	14	Câncer	21h31
17	0h15	17	Leão	2h21
19	9h23	19	Virgem	9h24
21	16h55	21	Libra	18h42
23	13h03	24	Escorpião	6h01
26	14h45	26	Sagitário	18h38
29	2h45	29	Capricórnio	6h56

Outubro 2025				
1º	12h35	1º	Aquário	16h53
3	15h16	3	Peixes	23h08
5	21h31	6	Áries	1h49
7	15h25	8	Touro	2h14
9	21h32	10	Gêmeos	2h13
11	23h57	12	Câncer	3h38
14	2h06	14	Leão	7h48
16	2h07	16	Virgem	15h07
18	18h12	19	Libra	1h03
21	9h26	21	Escorpião	12h43
24	1h15	24	Sagitário	1h20
16	13h43	26	Capricórnio	13h54
29	0h39	29	Aquário	0h56
31	3h16	31	Peixes	8h47

Último Aspecto		Entrada da Lua num Novo Signo		
Dia	Hora	Dia	Signo	Hora
Novembro 2025				
2	12h16	2	Áries	12h41
4	8h22	4	Touro	13h17
6	11h52	6	Gêmeos	12h22
8	11h33	8	Câncer	12h07
10	14h24	10	Leão	14h35
12	20h31	12	Virgem	20h53
15	6h10	15	Libra	6h45
17	8h52	17	Escorpião	18h46
20	6h25	20	Sagitário	7h27
22	18h49	22	Capricórnio	19h54
25	6h11	25	Aquário	7h17
27	14h54	27	Peixes	16h25
29	21h06	29	Áries	22h08

Dezembro 2025				
1º	15h16	2	Touro	0h14
3	22h51	3	Gêmeos	23h49
5	21h56	5	Câncer	22h55
7	22h46	7	Leão	23h49
10	1h58	10	Virgem	4h21
12	11h52	12	Libra	13h05
15	0h37	15	Escorpião	0h52
17	12h25	17	Sagitário	13h40
20	0h42	20	Capricórnio	1h54
22	11h45	22	Aquário	12h53
24	18h43	24	Peixes	22h10
27	4h05	27	Áries	5h03
28	23h14	29	Touro	8h58
31	9h26	31	Gêmeos	10h14

Regências Planetárias

Aqui relacionamos os planetas, as áreas e assuntos regidos por cada um deles. Com esses dados em mãos, o leitor poderá escolher as melhores datas para praticar suas atividades do dia a dia, de acordo com as previsões do Guia Astral.

LUA: Rege as viagens; as mudanças temporárias; a água e os líquidos em geral, bem como seu respectivo comércio; o comércio varejista; os artigos de primeira necessidade; a pesca; os assuntos domésticos; a saúde; as comissões e o cotidiano.

MERCÚRIO: Influencia os contratos; os assuntos relacionados com cartas, papéis e escritos; a literatura; os transportes; o correio; viagens curtas e excursões; mudanças de residência; estudos e o raciocínio com relação a questões práticas.

VÊNUS: Rege as artes em geral, tais como a música, o teatro, o cinema e a moda. Influencia também os amores, as amizades, o casamento, as diversões, as plantações, os tratamentos de beleza, a decoração dos ambientes e os assuntos domésticos e sociais.

SOL: Favorece o trabalho profissional, a publicidade, as honrarias, os favores e as melhorias. Os seus bons aspectos são positivos quando se solicita emprego ou aumento de salário, bem como quando se trata com autoridades ou superiores em geral.

MARTE: Atua sobre operações cirúrgicas, consultas a médicos e dentistas, lutas, negócios arriscados, assuntos militares e tudo o que se refere ao ferro ou às armas, os esportes, a iniciativa em empreendimentos.

JÚPITER: Governa os assuntos financeiros, jurídicos, religiosos e filosóficos, o comércio, os empréstimos, a expansão, a vida cultural, o estrangeiro, as viagens longas, os estudos superiores.

SATURNO: Rege o trabalho em geral, os negócios relativos a terras, casas, minas e construções, a agricultura, os estudos e as coisas antigas. Também favorece os que tratam com pessoas famosas ou idosas.

URANO: Influencia mudanças repentinas, assuntos e negócios relativos à eletricidade e ao magnetismo, drogas medicinais, novos empreendimentos, alta tecnologia, novas ideias e astrologia.

NETUNO: Tem sob sua atuação questões psíquicas, tais como clarividência, clariaudiência, telepatia e intuição, o misticismo, as manifestações coletivas e os assuntos marítimos.

PLUTÃO: Atua sobre tudo aquilo que exige energia e entusiasmo, as ideias originais, o pioneirismo, os assuntos relacionados à energia nuclear e as transformações radicais.

Tábua Planetária
2025

Segue abaixo a posição dos planetas em cada signo do zodíaco à zero hora de Greenwich do dia 1º de cada mês. A posição está indicada por graus (°) e minutos ('), bem como qualquer mudança que houver para outro signo no decorrer do mês. Note ainda que estão indicados também o início do movimento retrógrado, assinalado pela letra (R), ou a retomada do movimento direto, indicada pela letra (D).

Janeiro

Mercúrio: 19°52' de Sagitário; no dia 9, a 0°48' de Capricórnio; no dia 29, a 1°25' de Aquário
Vênus: 27°42' de Aquário; no dia 4, a 0°54' de Peixes
Marte: 1°55' de Leão (R); no dia 7, a 29°47' de Câncer (R)
Júpiter: 13°12' de Gêmeos (R)
Saturno: 14°31' de Peixes
Urano: 23°38' de Touro (R); no dia 30, a 23°15' de Touro (D)
Netuno: 27°17' de Peixes
Plutão: 1°3' de Aquário

Fevereiro

Mercúrio: 6°22' de Aquário; no dia 15, a 0°54' de Peixes
Vênus: 27°26' de Peixes; no dia 5, a 0°29' de Áries
Marte: 20°27' de Câncer (R); no dia 24, a 17°0' de Câncer (D)
Júpiter: 11°17' de Gêmeos (R); no dia 4, a 11°16' de Gêmeos (D)
Saturno: 17°25' de Peixes
Urano: 23°15' de Touro
Netuno: 27°58' de Peixes
Plutão: 2°3' de Aquário

Março

Mercúrio: 26°17' de Peixes; no dia 4, a 0°54' de Áries; no dia 15, a 9°35' de Áries (R); no dia 31, a 29°22' de Peixes
Vênus: 10°48' de Áries; no dia 2, a 10°50' de Áries (R); no dia 28, a 29°37' de Peixes
Marte: 17°9' de Câncer
Júpiter: 12°16' de Gêmeos
Saturno: 20°41' de Peixes
Urano: 23°38' de Touro
Netuno: 28°53' de Peixes; no dia 31, a 0°1' de Áries
Plutão: 2°53' de Aquário

Abril

Mercúrio: 28°44' de Peixes (R); no dia 7, a 26°50' de Peixes (D); no dia 17, a 0°30' de Áries
Vênus: 27°31' de Peixes (R); no dia 13, a 24°37' de Peixes (D)
Marte: 23°36' de Câncer; no dia 19, a 0°20' de Leão
Júpiter: 15°58' de Gêmeos
Saturno: 24°29' de Peixes
Urano: 24°45' de Touro
Netuno: 0°3' de Áries
Plutão: 3°33' de Aquário

Maio

Mercúrio: 15°30' de Áries; no dia 11, a 0°49' de Touro; no dia 27, a 2°4' de Gêmeos
Vênus: 0°9' Áries
Marte: 5°35' de Leão
Júpiter: 21°22' de Gêmeos
Saturno: 27°50' de Peixes; no dia 26, a 0°3' de Áries
Urano: 26°19' de Touro
Netuno: 1°5' de Áries
Plutão: 3°48' de Aquário; no dia 4, a 3°49' Aquário (R)

Junho

Mercúrio: 13°2' de Gêmeos, no dia 9, a 0°5' de Câncer; no dia 27, a 0°15' de Leão
Vênus: 24°55' de Áries; no dia 7, a 0°47' de Touro
Marte: 21°3' de Leão; no dia 18, a 0°21' de Virgem
Júpiter: 28°0' de Gêmeos; no dia 10, a 0°1' de Câncer
Saturno: 0°29' de Áries
Urano: 28°6' de Touro
Netuno: 1°51' de Áries
Plutão: 3°39' de Aquário (R)

Julho

Mercúrio: 5°6' de Leão; no dia 18, a 15°34' de Leão (R)
Vênus: 25°59' de Touro; no dia 5, a 0°23' de Gêmeos
Marte: 7°46' de Virgem
Júpiter: 4°49' de Câncer
Saturno: 1°48' de Áries; no dia 13, a 1°56' de Áries (R)
Urano: 29°42' de Touro; no dia 8, a 0°1' de Gêmeos
Netuno: 2°10' de Áries; no dia 4, a 2°10' de Áries (R)
Plutão: 3°8' de Aquário (R)

Agosto

Mercúrio: 9°0' de Leão (R); no dia 11, a 4°15' de Leão (D)
Vênus: 0°57' de Câncer; no dia 26, a 0°22' de Leão
Marte: 26°18' de Virgem; no dia 7, a 0°0' de Libra
Júpiter: 11°42' de Câncer
Saturno: 1°38' de Áries (R)
Urano: 0°55' de Gêmeos
Netuno: 1°59' de Áries (R)
Plutão: 2°25' de Aquário (R)

Setembro

Mercúrio:	27°2' de Leão; no dia 3, a 0°50' de Virgem; no dia 19, a 1°1' de Libra
Vênus:	7°33' de Leão; no dia 20, a 0°34' de Virgem
Marte:	15°54' de Libra; no dia 23, a 0°27' de Escorpião
Júpiter:	17°52' de Câncer
Saturno:	0°1' de Áries; no dia 3, a 29°53' de Peixes (R)
Urano:	1°27' de Gêmeos; no dia 6, a 1°27' de Gêmeos (R)
Netuno:	1°21' de Áries (R)
Plutão:	1°46' de Aquário (R)

Outubro

Mercúrio:	21°11' de Libra; no dia 7, a 0°27' de Escorpião; no dia 30, a 0°32' de Sagitário
Vênus:	14°4' de Virgem; no dia 14, a 0°8' de Libra
Marte:	5°51' de Escorpião
Júpiter:	22°27' de Câncer
Saturno:	27°45' de Peixes (R)
Urano:	1°12' de Gêmeos (R)
Netuno:	0°33' de Áries (R); no dia 23, a 29°59' de Peixes (R)
Plutão:	1°24' de Aquário (R)

Novembro

Mercúrio: 2°25' de Sagitário; no dia 9, a 6°49' de Sagitário (R); no dia 20, a 28°50' de Escorpião; no dia 29, a 20°45' de Escorpião (D)
Marte: 27°28' de Escorpião; no dia 5, a 0°19' de Sagitário
Júpiter: 24°57' de Escorpião; no dia 11, a 25°9' de Câncer (R)
Saturno: 25°47' de Peixes (R); no dia 28, a 25°9' de Peixes (D)
Urano: 0°16' de Gêmeos (R), no dia 9, a 29°57' de Touro
Netuno: 29°47' Peixes (R)
Plutão: 1°26' de Aquário

Dezembro

Mercúrio: 20°50' de Escorpião; no dia 12, a 0°4' de Sagitário
Vênus: 0°11' de Sagitário; no dia 25, a 0°23' de Capricórnio
Marte: 19°17' de Sagitário; no dia 16, a 0°31' de Capricórnio
Júpiter: 24°32' de Câncer (R)
Saturno: 25°9 de Peixes
Urano: 29°3' de Touro (R)
Netuno: 29°23' de Peixes (R); no dia 10, a 29°22 Peixes (D)
Plutão: 1°54' de Aquário

Horário da Semana

de acordo com a Regência Planetária

Convém lembrar que a hora astrológica de alguns planetas coincide: os assuntos regidos por Urano devem ser tratados na hora de Mercúrio, e o mesmo acontece com Netuno e Plutão, cujos assuntos devem ser tratados nas horas de Vênus e Marte, respectivamente.

Use esta tabela para concluir o cálculo das Horas Planetárias e saber quais são as horas mais propícias para tratar dos seus empreendimentos.

Horas	Domingo	Segunda	Terça	Quarta	Quinta	Sexta	Sábado
1ª do dia	Sol	Lua	Marte	Mercúrio	Júpiter	Vênus	Saturno
2ª do dia	Vênus	Saturno	Sol	Lua	Marte	Mercúrio	Júpiter
3ª do dia	Mercúrio	Júpiter	Vênus	Saturno	Sol	Lua	Marte
4ª do dia	Lua	Marte	Mercúrio	Júpiter	Vênus	Saturno	Sol
5ª do dia	Saturno	Sol	Lua	Marte	Mercúrio	Júpiter	Vênus
6ª do dia	Júpiter	Vênus	Saturno	Sol	Lua	Marte	Mercúrio
7ª do dia	Marte	Mercúrio	Júpiter	Vênus	Saturno	Sol	Lua
8ª do dia	Sol	Lua	Marte	Mercúrio	Júpiter	Vênus	Saturno
9ª do dia	Vênus	Saturno	Sol	Lua	Marte	Mercúrio	Júpiter
10ª do dia	Mercúrio	Júpiter	Vênus	Saturno	Sol	Lua	Marte
11ª do dia	Lua	Marte	Mercúrio	Júpiter	Vênus	Saturno	Sol
12ª do dia	Saturno	Sol	Lua	Marte	Mercúrio	Júpiter	Vênus
1ª da noite	Júpiter	Vênus	Saturno	Sol	Lua	Marte	Mercúrio
2ª da noite	Marte	Mercúrio	Júpiter	Vênus	Saturno	Sol	Lua
3ª da noite	Sol	Lua	Marte	Mercúrio	Júpiter	Vênus	Saturno
4ª da noite	Vênus	Saturno	Sol	Lua	Marte	Mercúrio	Júpiter
5ª da noite	Mercúrio	Júpiter	Vênus	Saturno	Sol	Lua	Marte
6ª da noite	Lua	Marte	Mercúrio	Júpiter	Vênus	Saturno	Sol
7ª da noite	Saturno	Sol	Lua	Marte	Mercúrio	Júpiter	Vênus
8ª da noite	Júpiter	Vênus	Saturno	Sol	Lua	Marte	Mercúrio
9ª da noite	Marte	Mercúrio	Júpiter	Vênus	Saturno	Sol	Lua
10ª da noite	Sol	Lua	Marte	Mercúrio	Júpiter	Vênus	Saturno
11ª da noite	Vênus	Saturno	Sol	Lua	Marte	Mercúrio	Júpiter
12ª da noite	Mercúrio	Júpiter	Vênus	Saturno	Sol	Lua	Marte

Horas Planetárias

O método mais prático para você aproveitar a influência das horas planetárias na sua vida diária é sincronizar as suas atividades mais importantes com os dias e horas mais favoráveis. Você obterá a informação quanto aos dias mais e menos propícios ao início dos seus empreendimentos no Guia Astral. E as influências e as características da hora associada a cada planeta são dadas a seguir, a fim de que você possa usá-las em combinação com o dia mais favorável, de modo a conseguir um grande sucesso. Consulte também a seção "Cálculo das Horas Planetárias", p. 169.

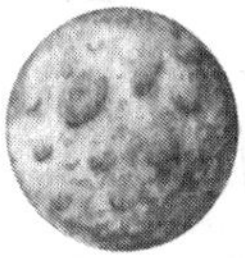

LUA

Influência mais acentuada à noite. Sua hora é boa para fazer viagens e mudanças não definitivas, e para estipular comissões e todas as coisas de natureza provisória ou variável. É também uma boa hora para fazer as pessoas mudarem de opinião ou alterarem seus planos. Facilita negociações rápidas e o comércio varejista.

Os negócios tratados nessa hora precisam ser concluídos logo; caso contrário, correm o risco de sofrer mudanças ou ser cancelados.

Devemos ter cautela com os arranjos feitos nessa hora porque todas as coisas correm o risco de ficar incertas e serão passageiras.

MERCÚRIO

A influência de sua hora é sempre duvidosa e variável, pois gera oscilações e tem um caráter secundário. É uma hora favorável para redigir textos, estudos de toda natureza, teorias, escrituras, documentos e textos literários. Boa para a troca de correspondência, compra de livros e trabalho com impressoras.

A compreensão e a percepção são rápidas devido à fertilidade de ideias. Favorece os profissionais de vendas, os professores e todos os que se ocupam de atividades intelectuais. Também favorece os joalheiros que fabricam objetos de precisão.

Na hora de Mercúrio, geralmente encontramos pessoas volúveis e inconstantes, que dificilmente sustentam a palavra dada ou levam adiante seus projetos.

A hora de Mercúrio é sempre seguida pela da Lua e pela de Saturno, de modo que é melhor chegar logo a uma conclusão ou adiar os negócios para uma ocasião mais propícia.

VÊNUS

A hora de Vênus é favorável à recreação, à diversão, ao canto, à música, à dança e a todas as áreas relativas ao vestuário, ornamentos e luxo.

É boa para a compra de objetos artísticos, de roupas, de perfumes e de outros itens do gênero. Favorece o amor e a galanteria, bem como o estudo das belas-artes. Favorece a restauração de objetos artísticos.

Essa hora governa o lado doméstico e feminino da vida e tudo o que é relativo aos sentimentos; facilita a dissolução do ódio e dos rancores; amplia os assuntos ligados à construção de formas (arquitetura, manipulação de projetos).

É a hora em que existe o perigo do excesso e da extravagância.

Favorece a maledicência de que são alvo aqueles que só vivem para o presente.

SOL

A hora do Sol favorece as relações com pessoas que ocupam posição de destaque – autoridades, juízes, altos funcionários do governo, homens de Estado.

Esta hora é própria para solicitar favores e proteção dos maiorais; favorável a projetos que ativam a consciência das atividades no planeta Terra.

As melhores horas solares são as que vêm antes do meio-dia. Elas reeducam ou retiram o sentimento de usura, de avareza e usurpação.

MARTE

A hora de Marte é propícia a todos os empreendimentos ousados. Há forças suplementares nas situações difíceis e tensas. É geralmente nessa hora que aumenta a incidência de acidentes, disputas e desentendimentos.

Ela favorece os impulsos, o domínio da força e tende a produzir contestações e argumentações, enfrentando-se concorrentes profissionais sem agressões, além de fazer aflorar a decisão firme com bases sólidas.

Nesta hora é preciso fazer tudo para não provocar a cólera alheia. Não se deve começar novas amizades durante esta hora, nem transitar por lugares reconhecidamente perigosos. É boa hora para nos ocuparmos de coisas práticas, referentes à mecânica, às minas, aos metais e aos materiais de natureza explosiva e inflamável, como o carvão, o petróleo etc. É prudente não assumir compromissos nesta hora, nem tomar atitudes com respeito a situações sérias e graves. É a hora em que convém nos precavermos contra roubos e assaltos, pois é considerada uma das mais perigosas do dia.

JÚPITER

De todas as horas planetárias, a mais favorável é a de Júpiter, durante a qual pode se iniciar novos empreendimentos de qualquer tipo.

Favorece toda espécie de assuntos financeiros e é boa para as questões legais e religiosas.

É a hora mais fecunda de todas; as coisas que forem executadas pela "primeira vez" nesta hora devem ser repetidas até que o sucesso recompense a iniciativa.

Todas as coisas de valor, seja de caráter objetivo ou subjetivo, podem ser tratadas na hora de Júpiter. Ela faz aflorar a sabedoria, proporcionando confiança sem fanatismo.

SATURNO

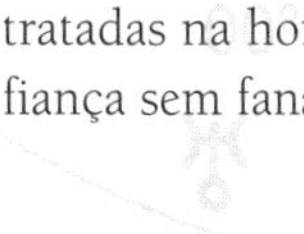

A influência deste planeta é lenta e pesada. As coisas começadas nesta hora caminham devagar, porém a passos firmes.

Saturno confere determinação, simplicidade, prudência e maturidade. Governa a terra de onde o homem tira seu sustento e a casa que lhe serve de abrigo; por isso Saturno rege os negócios imobiliários e a agricultura. Influencia os estudos avançados e de compreensão lenta. Tendência a ponderar como sair da vida diária criando, modelando, construindo novas vivências. Trata-se da experiência sábia dos idosos. É o planeta da destruição e da reconstrução.

URANO

Este planeta governa todas as atividades do mundo moderno e a tecnologia avançada; a eletricidade, a eletrônica, a aeronáutica, a indústria automobilística etc. Sua influência é imprevisível, e os negócios iniciados em sua hora podem ter os mesmos resultados duvidosos ou variáveis induzidos por Mercúrio, pois a hora de Urano é a mesma de Mercúrio. Tendência à renovação e à originalidade.

NETUNO

Este planeta governa a inspiração artística e todas as faculdades extrassensoriais: intuição, clarividência etc. Sua hora favorece os assuntos artísticos, o amor desinteressado e os atos de benevolência. A hora de Netuno é a mesma de Vênus. É a inspiração da vida, que modifica o modo de agir e de pensar em todas as atividades do cotidiano.

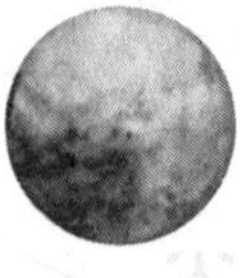

PLUTÃO

Plutão ainda é um enigma para a maioria dos astrólogos. Ele representa uma força estranha, um tanto destrutiva e em parte desconhecida. Está relacionado com o poder atômico, favorecendo mudanças drásticas, descobertas de cunho técnico e exigindo que se saiba lidar com essa energia planetária para que não cause danos. Plutão atua destruindo para que se possa reconstruir. Favorece as ações que requerem entusiasmo e uma nova visão dos fatos. A hora de Plutão é a mesma de Marte. Plutão nos impulsiona a transformações profundas.

Cálculo das Horas Planetárias

Depois de conhecer as características da hora de cada planeta, na seção "Horas Planetárias", aprenda a calcular essa hora, para poder usar essas características de forma benéfica e proveitosa.

As 12 horas planetárias diurnas e as 12 noturnas às vezes têm mais de 60 minutos, às vezes têm menos, dependendo do horário do nascimento ou do ocaso do Sol. Por isso, é preciso calcular em primeiro lugar o momento exato em que começa e termina a primeira hora do dia que lhe interessa. Para tanto, use a "Tábua do Nascimento e Ocaso do Sol" e verifique o horário em que esse astro nasce e se põe. Por exemplo, consultando essa tabela, você saberá que em Brasília, no dia 1º de janeiro, o Sol nasceu às 5h44min e se pôs às 18h47min. Se subtrairmos 5h44min de 18h47min, saberemos que o dia durou 13 horas e 3 minutos. Transforme as 13 horas em minutos (780 min), acrescente os 3 minutos restantes (783 min) e divida o resultado por 12. Você saberá, então, que cada hora desse dia terá 65 minutos e 3 segundos, ou 1 hora e 3 minutos – podendo-se deixar de lado os segundos.

Portanto, a primeira hora do dia 1º de janeiro de 2025 começará, em Brasília, às 5h44min e terminará às 6h47min; a segunda hora começará às 6h48min e assim por diante. (O período noturno deve ser calculado da mesma forma.)

Consulte, a seguir, a tabela "Horário da Semana de acordo com a Regência Planetária". Com ela você saberá que, em 1º de janeiro de 2025, uma quarta-feira, Mercúrio rege a 1ª hora diurna, a Lua rege a 2ª hora etc. Portanto, o melhor momento do dia para tratar dos assuntos regidos por Mercúrio, será ao longo da 1ª hora, que vai das 5h44min às 6h47min. Quanto aos assuntos relacionados com a Lua, o melhor é esperar até a 2ª hora do dia.

Com base nessas informações, você poderá organizar as atividades desse dia, levando em conta o horário em que elas serão mais favorecidas!

Previsões Sobre Amor, Trabalho e Saúde para os Signos em 2025

Por André Mantovanni

ÁRIES

O ano de 2025 promete ser um período de equilíbrio e novos começos para os arianos. Eles sentirão uma forte necessidade de ajustar questões pendentes e iniciar projetos com entusiasmo e ousadia. A energia do ano será de renovação e justiça, com muitas decisões importantes a serem tomadas. É o momento ideal para reavaliar prioridades e fazer escolhas que tragam mais equilíbrio e estabilidade à vida pessoal e profissional.

Amor: No campo amoroso, será um ano de encerramentos e novos começos. Relações que não têm mais espaço em sua vida podem chegar ao fim de forma abrupta, abrindo caminho para outras conexões, mais alinhadas ao seu verdadeiro eu. Será essencial ser honesto e franco em todas as interações. Para os solteiros, haverá a oportunidade de conhecer pessoas de maneira inesperada, embora seja importante ser seletivo e buscar alguém que compartilhe seus valores e objetivos de vida.

Trabalho: O âmbito profissional será marcado por desafios que demandarão resiliência e persistência. Você enfrentará obstáculos que vão testar sua determinação, mas, com esforço e dedicação, conseguirá superá-los. Este é um momento para demonstrar sua força interior e não se deixar abater pelas dificuldades. O reconhecimento virá para aqueles que agirem com integridade e compromisso. Projetos antigos podem ganhar força e novas propostas trarão horizontes mais amplos. Invista em suas habilidades e conhecimentos, buscando sempre a excelência. Lembre-se de que o sucesso será construído tijolo a tijolo, com paciência e perseverança.

Saúde: A saúde física merece atenção especial este ano. Será fundamental manter o equilíbrio entre corpo e mente, praticando atividades que promovam bem-estar físico, como exercícios regulares e uma alimentação saudável. Cuide especialmente do seu sistema imunológico, evitando excessos e dedicando tempo ao descanso e à recuperação.

TOURO

Touro conquistará um ano de crescimento, em que haverá movimento constante. Os nativos deste signo terão oportunidades para o desenvolvimento pessoal e material, com forte ênfase na adaptação às mudanças. O progresso será evidente em várias áreas da vida, e a determinação taurina será a chave para superar os desafios que surgirem. O foco na construção de uma base sólida para o futuro, seja em termos de carreira, relacionamentos ou finanças pessoais, será a tônica do ano. A paciência e a perseverança serão seus aliados para que você alcance seus objetivos.

Amor: No campo afetivo, haverá um período de fertilidade e crescimento, e os relacionamentos atuais podem se aprofundar e se fortalecer. Este é um ano de amor próspero e sólido, em que a dedicação e o carinho serão recompensados com estabilidade e harmonia. Para os solteiros, novas relações podem começar trazendo uma sensação de renovação e esperança. Namoros, compromissos e relacionamentos que tiverem início nesta fase poderão seguir com muita energia positiva para o futuro, com potencial para algo duradouro e significativo.

Trabalho: Profissionalmente, o ano será marcado por conquistas e avanços significativos. Sua determinação e capacidade de adaptação serão essenciais para alcançar os objetivos desejados. Chegarão oportunidades para se destacar e obter reconhecimento, resultando em progresso e satisfação profissionais. Trata-se de um ano para assumir responsabilidades maiores e demonstrar sua competência e liderança. O *networking* será importante, então aproveite para expandir sua rede de contatos e buscar colaborações que possam beneficiar sua carreira.

Saúde: O foco na saúde, neste ano, significa manter um estilo de vida ativo. A atenção ao bem-estar físico garantirá energia e disposição para enfrentar os desafios de 2025. Manter o equilíbrio entre trabalho e descanso será vital. Preste atenção aos sinais do seu corpo e não ignore qualquer desconforto ou sintoma persistente. Visitas regulares ao médico e exames preventivos são recomendados para garantir que você permaneça saudável e livre de preocupações.

GÊMEOS

Gêmeos terá um ano de transformações e avaliações. Mudanças súbitas e oportunidades inesperadas serão frequentes, exigindo flexibilidade e capacidade de adaptação. Este será um período para refletir sobre o passado e planejar o futuro, com foco no aprendizado adquirido pelas experiências vivenciadas. Haverá ênfase na reavaliação de metas e prioridades, e você poderá encontrar novas direções que se alinhem melhor a seus verdadeiros desejos e valores. A comunicação será uma ferramenta poderosa para navegar por essas mudanças com sucesso.

Amor: Será um ano de reavaliação e mudanças. Relacionamentos antigos podem passar por transformações, enquanto novos amores surgem de maneira inesperada, alegrando seu coração. A honestidade e a capacidade de julgamento serão essenciais para manter a harmonia a dois. Este período trará lucidez e novas perspectivas sobre o que realmente importa em suas relações. Para aqueles que estão solteiros, é um momento propício para encontros profundos, mas é importante ser paciente e não se apressar com compromissos antes da hora. O diálogo franco e a sinceridade serão fundamentais para construir e manter relacionamentos saudáveis.

Trabalho: A área profissional trará dinamismo e várias surpresas. Conte com chances de crescimento, mas não deixe de lado a necessidade de revisitar projetos antigos e finalizar pendências. É hora de mostrar sua versatilidade e capacidade de se adaptar com rapidez, aproveitando as oportunidades que surgirem. A habilidade de pensar "fora da caixa" e apresentar soluções inovadoras será altamente valorizada. Este é um ano para investir no desenvolvimento profissional, talvez buscando novos cursos ou certificações que possam abrir portas para avanços na carreira.

Saúde: A saúde mental será uma prioridade. Encontre tempo para relaxar e evitar o estresse. Técnicas de *mindfulness* e meditação podem ser úteis para manter a mente lúcida e focada. Cuide do seu bem-estar emocional para garantir o equilíbrio da saúde física. Evite se sobrecarregar com muitas responsabilidades e lembre-se de reservar tempo para *hobbies* e atividades de que você gosta.

CÂNCER

Os cancerianos terão um ano de quietude e força interior. Ao passar por momentos de incertezas e desafios, confie em sua capacidade de resiliência e força emocional para superá-los. Trata-se de um período para confiar na intuição e fortalecer o espírito, buscando equilíbrio entre o emocional e o racional. A busca por segurança e estabilidade será intensa, e você encontrará formas de se conectar mais profundamente com suas raízes e valores fundamentais. A vida vai conduzi-lo ao desenvolvimento da autoconfiança e ao encontro com sua voz interior.

Amor: A sensibilidade estará em nível elevado em 2025. Você vai precisar lidar com emoções desconhecidas e, às vezes, complexas. Os relacionamentos se tornarão mais intensos, exigindo compreensão, entrega e paciência. A capacidade de empatia e conexão emocional com o parceiro será muito importante neste período. Para os solteiros, novos encontros podem ser intensos e transformadores, trazendo uma outra perspectiva sobre o amor e os relacionamentos, modificando assim seu olhar a respeito do mundo.

Trabalho: No campo profissional, sua força interior será testada. Haverá desafios, mas sua capacidade de perseverar e superar obstáculos garantirá o sucesso. Confie em sua intuição para tomar decisões importantes, e não tenha medo de buscar apoio quando necessário. Este é um ano para aproveitar sua resiliência e a habilidade de enfrentar adversidades com coragem. Alguns projetos vão exigir dedicação e esforço contínuo, mas trarão recompensas no longo prazo; sendo assim, mantenha-se focado em seus objetivos, sem desistir diante das dificuldades.

Saúde: Encontre maneiras de expressar suas emoções, seja por meio de terapias ou atividades artísticas. Pratique a autoaceitação e a gentileza consigo mesmo. Lembre-se de que a saúde emocional está diretamente ligada ao bem-estar físico, portanto, cuide de ambos de forma equilibrada. Dê especial atenção ao estômago e ao sistema digestório, áreas sensíveis para os cancerianos.

LEÃO

O leonino passará por um ano de criatividade e equilíbrio. A confiança e o charme naturais de Leão estarão intensificados, facilitando a realização de seus objetivos. Bom período para se destacar e brilhar, usando habilidades e talentos para alcançar os sonhos. Haverá um foco especial em encontrar um equilíbrio saudável entre vida pessoal e profissional.

Amor: No amor, a criatividade trará novos ares. Haverá momentos de paixão e romance, com a possibilidade de criar memórias inesquecíveis. Relacionamentos existentes se fortalecerão com gestos criativos e inesperados. É hora de renovar os laços afetivos e vivenciar novas formas de amar. Para os solteiros, muitas oportunidades de encontros românticos e emocionantes estão a caminho, mas é importante estar aberto a aceitar as diferenças, sem se prender a expectativas rígidas. A expressão equilibrada de seus sentimentos será fundamental para manter a harmonia nas relações.

Trabalho: Profissionalmente, será um ano de inovação e busca por novos objetivos. O leonino terá espaço para ideias inovadoras e projetos criativos, mas a chave será manter a estabilidade e a paciência para alcançar o que se deseja. A capacidade de equilibrar ambição e moderação vai garantir o sucesso. Este é um ano para assumir riscos calculados e buscar oportunidades que permitam crescer e se desenvolver no campo profissional. A colaboração e a interação com os colegas, bem como a construção de uma rede de apoio forte, serão cruciais para se alcançar as metas.

Saúde: A saúde física deve ser mantida com atividades que estimulem a mente e o corpo. Pratique *hobbies* criativos e atividades que promovam a flexibilidade e a força, como dança ou artes marciais. A expressão artística pode ser uma ótima maneira de manter o bem-estar emocional e físico. Não se esqueça de dar atenção especial ao coração e ao sistema circulatório, pontos de atenção para os leoninos.

VIRGEM

Em 2025, os virginianos serão agraciados com um ano de grande lucidez e estrutura. O período será marcado pela capacidade de organizar a vida com precisão e sabedoria, resultando em um avanço significativo em diversas áreas. A busca por ordem e a necessidade de compreender profundamente os eventos ao redor estarão mais fortes do que nunca. A intuição combinada a um olhar analítico lhe possibilitará tomar decisões bem fundamentadas, estabelecendo assim um caminho claro para o futuro.

Amor: O virginiano vivenciará uma fase de revelação e profundidade emocional. Relacionamentos existentes poderão alcançar novos níveis de compreensão e conexão, passando por análises significativas. Para aqueles em busca de um parceiro, poderá haver mais lucidez sobre o tipo de relacionamento que de fato desejam e querem construir. Bom ano para abrir o coração e ser vulnerável, permitindo que o amor entre em sua vida de maneira genuína.

Trabalho: No campo profissional, 2025 será de oportunidades de crescimento por meio de uma abordagem meticulosa e estruturada do que já está em construção. Aprimore suas habilidades e conhecimentos técnicos dentro do que já conhece e domina. Projetos que exijam atenção aos detalhes e alto nível de precisão serão particularmente bem-sucedidos. Este é o momento para investir em sua educação contínua, seja por meio de cursos, *workshops* ou estudos independentes. A colaboração com os colegas será harmoniosa, e você poderá assumir papéis de liderança em equipes que valorizem sua capacidade de organização e análise detalhada. Evite mudanças bruscas ou impulsivas nesse campo; siga com estabilidade, superando desafios.

Saúde: A saúde será beneficiada por uma rotina estruturada. Encontre tempo para cuidar do corpo com uma alimentação balanceada e exercícios físicos regulares. A disciplina será a chave para o bem-estar. Nervosismo, estresse e ansiedade serão pontos de atenção e cuidado durante o ano todo. Procure ajuda médica e terapêutica para que isso não afete seu bem-estar como um todo.

LIBRA

Libra poderá vivenciar protagonismo e liderança, mas, acima de tudo, aprender com os sacrifícios voluntários. As oportunidades para assumir o controle de situações importantes serão muitas, e se sacrificar em prol de um bem maior será uma decisão necessária. Este é um período para demonstrar força e responsabilidade. O foco essencial será em desenvolver sua capacidade de liderança e assumir um papel ativo na realização de seus objetivos. A diplomacia e a habilidade de mediar conflitos serão particularmente valiosas.

Amor: Haverá momentos em que você precisará tomar decisões difíceis e fazer sacrifícios por aqueles que ama, mas sem deixar seus desejos de lado. A capacidade de equilibrar os desejos pessoais com as necessidades do parceiro estarão em pauta o ano todo. A harmonia e a compreensão constituirão as bases para um relacionamento estável e feliz. Para os solteiros, surgirão oportunidades de encontrar alguém especial, mas é importante estar disposto a fazer concessões com equilíbrio, sem se esquecer de si, assumindo compromissos nos quais as trocas sejam de igual para igual.

Trabalho: No trabalho, a responsabilidade e o esforço para assumir a liderança serão recompensados. A vida vai convidá-lo a sair dos bastidores; sendo assim, tome a iniciativa, sem esperar pelos outros. Você poderá assumir posições de destaque e demonstrar sua sabedoria e senso de justiça. Mostre sua habilidade de gerir e inspirar grupos. Novos projetos serão especialmente bem-sucedidos nesta fase. Aproveite o período também para expandir os horizontes, investir no aprimoramento profissional e buscar oportunidades que lhe permitam se desenvolver como um líder talentoso.

Saúde: A saúde emocional será uma área de interesse. Pratique atividades que ajudem a aliviar o estresse e a manter o equilíbrio mental, como yoga ou meditação. A estabilidade emocional será essencial para enfrentar os desafios. Mantenha também uma rede de apoio sólida para momentos de necessidade. Os rins e o sistema urinário, pontos sensíveis para os librianos, pedirão mais atenção. Manter uma hidratação adequada e hábitos alimentares saudáveis serão cruciais para garantir um ano de bem-estar e vitalidade.

ESCORPIÃO

Escorpião terá um ano de escolhas e profundidade emocional. Espere por momentos de decisão importantes, que exigirão um mergulho profundo em seu mundo interior. É momento de confiar na intuição e nas conexões emocionais que se revelarão pelo caminho. A intensidade e a força interior serão as características marcantes deste ano, promovendo um crescimento pessoal significativo, com novas motivações. Desenvolva a capacidade de enfrentar e superar desafios, encontrando a resiliência em seu interior.

Amor: No campo amoroso, as escolhas serão o tema deste ciclo. A necessidade de tomar decisões importantes nos relacionamentos, baseadas na compreensão e nos próprios sentimentos, levarão você a seguir o coração. A profundidade emocional será a chave para resolver conflitos, enquanto a lealdade se configurará fundamental para manter a harmonia nas relações. Para os solteiros, novos encontros vão depender do desapego do passado. Se a insegurança e o medo se dissolverem dentro de você, outros rumos se apresentarão e serão transformadores, trazendo uma nova perspectiva sobre a busca pessoal no campo afetivo.

Trabalho: Você estará inclinado e terá oportunidades para fazer escolhas que impactarão sua carreira de modo significativo, no presente e no futuro. Confie em sua intuição para tomar decisões acertadas, sem medo de se comprometer profundamente com seus objetivos e planos. Projetos que se iniciarem neste período trarão recompensas no médio prazo; seja persistente e coloque foco em sua busca profissional. Este será um ano para apostar em mudanças, abraçar oportunidades e se surpreender com sua capacidade em enfrentar adversidades com coragem.

Saúde: Você deverá cuidar da saúde mantendo o foco na transformação pessoal. Pratique atividades que promovam renovação, como terapias holísticas ou exercícios que fortaleçam a mente e o corpo. Cuide com muita atenção da musculatura do corpo de modo geral, para evitar inflamações e tensões desconfortáveis no cotidiano. Os escorpianos também deverão prestar atenção ao sistema excretor, sobretudo a bexiga e o intestino grosso. Manter hábitos saudáveis, fazer *check-ups* regulares e estar atento a qualquer sinal de desconforto ou problema nessas áreas será essencial para garantir um ano de bem-estar e saúde.

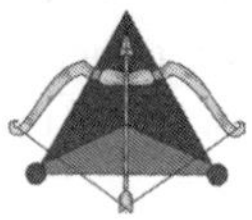

SAGITÁRIO

Sagitário passará por um ano de movimento e transformação, sentindo uma forte necessidade de seguir em frente e abraçar mudanças significativas. Trata-se de um período para se livrar do antigo e abrir espaço para o novo. A busca por aventuras e novas experiências será intensa, promovendo um ano de crescimento e expansão em muitas dimensões da vida.

Amor: É importante fazer da necessidade de deixar o passado para trás e abrir-se a novas experiências uma realidade concreta e constante. Relacionamentos existentes poderão passar por transformações necessárias para que prossigam com tranquilidade, enquanto novas conexões serão um convite à aventura. Para os solteiros, chegarão muitas oportunidades de encontros românticos e emocionantes, mas é importante não se prender a expectativas de estabilidade ou projetar a construção de uma história duradoura. Vivencie todas as experiências do momento sem se preocupar com o futuro para não se frustrar.

Trabalho: Profissionalmente, será um ano de mudanças e novas direções. Você terá a oportunidade de avançar e alcançar outros horizontes, desde que esteja disposto a se adaptar e se transformar. Deixe a rigidez de lado, estando atento à necessidade de se modificar. Flexibilidade e disposição ao percorrer os novos caminhos serão fundamentais para o sucesso. Este será um ciclo para assumir riscos calculados e buscar oportunidades que permitam crescimento e desenvolvimento profissional.

Saúde: Mantenha-se ativo e em movimento. Pratique esportes ou atividades físicas que promovam flexibilidade. A energia física será essencial para enfrentar as mudanças que ocorrerão ao longo do ano. Para os sagitarianos, os pontos de desequilíbrio físico constantes costumam ser o fígado, os quadris e as coxas; portanto, procure neste ano dar atenção especial ao fígado e à circulação do sangue nas pernas.

CAPRICÓRNIO

Capricórnio vivenciará um ciclo de reflexão e esperança em 2025. Um tempo de introspecção profunda e de busca por novas perspectivas se fará presente logo no início do ano. Procure se conectar com a espiritualidade e renovar a esperança no futuro, cultivando a paz interior e o otimismo. A sabedoria e a visão de longo prazo serão fundamentais para guiar suas decisões. Será importante também desenvolver a capacidade de enfrentar e superar desafios emocionais, encontrando força e fé em seu mundo interior.

Amor: A introspecção e a solitude trarão lucidez. Reflita sobre os relacionamentos passados e busque uma compreensão mais profunda do presente. A esperança em um futuro promissor e a fé em si mesmo e no outro serão essenciais para fortalecer as conexões amorosas já existentes. A paciência e a compreensão se tornarão a base para manter um relacionamento harmonioso e duradouro. Para os solteiros, encontros despretensiosos podem ser a promessa de novos compromissos, mas não tenha pressa; deixe as coisas fluírem e não pule etapas. É importante ter leveza, bom humor e manter a positividade.

Trabalho: No trabalho, a sabedoria interior e a visão de longo prazo serão recompensadas e poderão render bons frutos. Oportunidades para planejar e estruturar projetos importantes estarão em alta, e, a partir disso, novas propostas poderão ocorrer. Confie em sua intuição para guiar suas decisões profissionais. É o momento de mostrar sua capacidade de liderança e planejamento estratégico da forma que só você sabe fazer. Mantenha o que tem dado certo até aqui e só faça mudanças se elas forem muito bem pensadas e estudadas antes. Pondere, pese tudo na balança e não se deixe levar por promessas passageiras ou instáveis.

Saúde: A saúde se beneficiará de práticas que promovam o bem-estar espiritual. Encontre tempo para meditar ou praticar alguma atividade que conecte mente e espírito. A paz interior será fundamental para a saúde física. Mantenha equilíbrio entre o trabalho e os momentos de relaxamento, evitando excessos de qualquer ordem. Para os capricornianos, a sensibilidade se encontra nos ossos, nos joelhos e nas articulações, especialmente os joelhos, sendo esses também, portanto, pontos de atenção.

AQUÁRIO

Aquário enfrentará um ano de mudanças necessárias e introspecção. Momentos de ruptura levarão à renovação, exigindo uma análise profunda e a busca por respostas interiores. Será um período para aceitar transformações desconfortáveis e crescer a partir delas. A capacidade de adaptação e a receptividade a novas ideias serão essenciais para o sucesso. Você vai precisar desenvolver sua habilidade de enfrentar e superar desafios emocionais, encontrando força e sabedoria dentro de si com muita honestidade.

Amor: Prepare-se para desafios que exigirão uma nova perspectiva. Os relacionamentos podem passar por crises, mas também haverá a chance de você se fortalecer por meio da introspecção, da autoanálise e do entendimento mútuo. Evite confrontos e não tente mudar quem está a seu lado. Para os solteiros, trata-se de uma fase para colocar o mundo interior em ordem, priorizando desejos e objetivos em outras áreas da vida, sem se comprometer com ninguém. Vivencie este momento sem fazer planos para o futuro, mas, ao mesmo tempo, não se feche demais em seu mundo interior.

Trabalho: Mudanças serão inevitáveis. Procure se adaptar às novas circunstâncias, buscando soluções inovadoras. A introspecção ajudará a encontrar o caminho certo e a resposta para todas as dúvidas. Este é um ano para aceitar que alguns ciclos precisam se encerrar para que novos passos sejam dados. Os desafios pedirão coragem e humildade; deixe o orgulho e a arrogância de lado, sabendo que dessa maneira você conquistará um futuro melhor e mais próspero.

Saúde: Os aquarianos devem prestar atenção à circulação sanguínea, bem como aos tornozelos e panturrilhas. Manter-se ativo com exercícios que promovam uma boa circulação, como caminhadas, natação e ciclismo, pode ajudar. Cuidar da ansiedade e do desgaste mental em 2025 também será fundamental para manter a boa saúde como um todo.

PEIXES

Peixes terá um ano de mais contentamento, mas ainda assim vai precisar enfrentar desafios importantes. Haverá um senso de realização e plenitude, mas também a necessidade de enfrentar e dissolver fantasias e ilusões. O pisciano deverá buscar mais equilíbrio entre o material e o espiritual. A intuição e a sensibilidade estarão intensificadas, promovendo um ano de autoconhecimento e crescimento interior.

Amor: No campo amoroso, evite se deixar levar pelas aparências. Esteja aberto ao diálogo franco, honesto e verdadeiro, expressando seus sentimentos e emoções, sem deixar nada para depois. As crises serão superadas se houver uma visão mais racional, realista e objetiva dos relacionamentos. Para os solteiros, novos encontros serão intensos e apaixonantes, entre eles, romances repletos de exagero e muitas expectativas que não poderão ser atendidas. Cuide de sua vulnerabilidade e carência para não sofrer sem necessidade ao apostar em relações passageiras.

Trabalho: No trabalho, haverá senso de realização. Projetos antigos chegarão a uma conclusão, e novas oportunidades farão surgir motivações diferentes. A capacidade de adaptação e a disposição para arriscar em outras possibilidades serão cruciais para o sucesso. Mantenha-se longe de fofocas, mentiras e mal-entendidos no ambiente de trabalho, e cuide de sua energia para não sofrer ataques de inveja ou a influência de energias nocivas. Confie mais em você e nos seus talentos, sem querer fazer muita coisa ao mesmo tempo para não se distrair. Foco e disciplina serão essenciais para o seu desenvolvimento na área profissional.

Saúde: Mantenha uma rotina de cuidados que permita o equilíbrio entre as tarefas do cotidiano, responsabilidades e descanso. Bom período para exames de rotina, consultas médicas e tratamentos que necessitem de tempo para trazer resultados. Terapias alternativas e holísticas poderão ajudar na prevenção de problemas e preocupações com a saúde.

Previsões para 2025 segundo a Numerologia

O ano de 2025 começa já mostrando que nossos planos serão bem-sucedidos! Aos poucos, os projetos de cunho profissional vão sair do papel, e os projetos pessoais ganharão um destaque cada vez maior, assegurando que este será um ano muito positivo. Os acontecimentos seguem seu ritmo, e haverá coisas a respeito das quais não poderemos fazer nada.

Temos sempre a opção de nos melhorar, por isso priorizemos ser criativos, sensatos e abusar da ousadia. Investir no presente é a garantia de um futuro promissor.

- JANEIRO: Neste mês, use e abuse da intuição, pois os negócios do passado tendem a se estabilizar. Nem sempre os resultados serão imediatos; saiba esperar para colher os frutos de seu empenho.

- FEVEREIRO: Siga em frente, com o foco nos resultados. Sucesso garantido na vida amorosa, e atividades que envolvam o coletivo também estarão favorecidas. Com constância, você obterá sucesso profissional.

- MARÇO: Muito cuidado com parcerias e sociedades com pessoas desconhecidas e cheias de ideias fantásticas. O sucesso ocorre apenas com muito trabalho e empenho. Seja sempre bastante analítico e prático.

- ABRIL: Mês muito favorável, em que a sorte poderá estar a seu favor. Se trabalhar com afinco, colherá os resultados com mais rapidez. Lide com os obstáculos de modo positivo e obterá vantagens em seus empreendimentos.

- MAIO: Promova uma transformação em sua vida amorosa: ouça mais seu parceiro e saia mais com ele; a rotina é sempre desgastante. Não se atenha tanto aos problemas financeiros, pois poderá resolvê-los depois.

- JUNHO: Com um pouco de sorte e bastante empenho, sua vida financeira dará um grande salto. Não se preocupe em excesso; os obstáculos existem para serem superados.

- JULHO: Para ter êxito em qualquer aspecto da vida, é preciso uma dose de ousadia. Seu magnetismo vai estar em alta, e seus projetos vão sair do papel. Hora muito oportuna para se dedicar à saúde física e mental. Você terá muitas surpresas ainda neste ano.

- AGOSTO: Mesmo diante das dificuldades, pense sempre positivamente; quando nos propomos a realizar um projeto, devemos contar com altos e baixos. Preze pelo seu equilíbrio, e a harmonia se manifestará em todos os assuntos de sua vida. Ao se manter concentrado no que deseja, os resultados serão positivos nos negócios.

- SETEMBRO: Nem sempre será possível contar com a sorte; é necessário ser mais flexível para facilitar os bons resultados, que virão com seu empenho e criatividade. Não esmoreça diante de pequenos obstáculos; aliás, descanse mais para evitar problemas de saúde.

- OUTUBRO: Mantenha o equilíbrio em todas as situações para que eventuais reveses não interfiram no resultado final. Reserve um tempo para se dedicar à família e ao lazer. Este mês tende a favorecer todo e qualquer progresso.

- NOVEMBRO: Organize sua vida financeira para não ter problemas no futuro e poder viver mais despreocupado. Invista o que estiver sobrando e, quem sabe, com um pouco de sorte, você feche o ano com chave de ouro!

- DEZEMBRO: O ano será finalizado com muita autoconfiança e a certeza de um futuro melhor. Foco no trabalho e na dedicação à família. Só planeje melhor sua vida social, para que a intensidade dos compromissos não seja um grande problema.

Fenômenos Naturais 2025

COMEÇO DAS ESTAÇÕES

	Estações	Data do início	Horário
	Outono	20/3	6h03
	Inverno	20/6	23h43
	Primavera	22/9	15h20
	Verão	21/12	12h04

ECLIPSES

Data	Hora	Astro	Tipo	Grau	Magnitude
14/03	3h56	Lua	Total	23º57’ de Virgem	1.179
29/03	7h59	Sol	Parcial	9º00’ de Áries	0.938
7/09	15h10	Lua	Total	15º23’ de Peixes	1.362
21/09	16h55	Sol	Parcial	29º05’ de Virgem	0.855

FASES DA LUA 2025

Janeiro			
Dia	**Fase**	**Horário**	**Grau**
6	Crescente	20h57	16°56’ de Áries
13	Cheia	19h28	24°00’ de Câncer
21	Minguante	17h32	2°03’ de Escorpião
29	Nova	9h37	9°51’ de Aquário

Fevereiro			
Dia	**Fase**	**Horário**	**Grau**
5	Crescente	5h03	16°46’ de Touro
12	Cheia	10h55	24°06’ de Leão
20	Minguante	14h34	2°20’ de Sagitário
27	Nova	21h46	9°41’ de Peixes

Março			
Dia	**Fase**	**Horário**	**Grau**
6	Crescente	13h33	16°21’ de Gêmeos
14	Cheia	3h56	23°57’ de Virgem
22	Minguante	8h31	2°05’ de Capricórnio
29	Nova	7h59	9°00’ de Áries

Abril			
Dia	**Fase**	**Horário**	**Grau**
4	Crescente	23h16	15°33’ de Câncer
12	Cheia	21h23	23°20’ de Libra
20	Minguante	22h37	1°12’ de Aquário
27	Nova	16h32	7°47’ de Touro

Maio			
Dia	**Fase**	**Horário**	**Grau**
4	Crescente	10h53	14°21’ de Leão
12	Cheia	13h57	22°13’ de Escorpião
20	Minguante	9h00	29°43’ de Aquário
27	Nova	0h04	6°06’ de Gêmeos

Junho			
Dia	**Fase**	**Horário**	**Grau**
3	Crescente	0h42	12°50’ de Virgem
11	Cheia	4h45	20°39’ de Sagitário
18	Minguante	16h20	27°48’ de Peixes
25	Nova	7h33	4°08’ de Câncer

Julho			
Dia	**Fase**	**Horário**	**Grau**
2	Crescente	16h31	11°10’ de Libra
10	Cheia	17h38	18°50’ de Capricórnio
17	Minguante	21h39	25°40’ de Áries
24	Nova	16h12	2°08’ de Leão

Agosto			
Dia	**Fase**	**Horário**	**Grau**
1º	Crescente	9h42	9°32’ de Escorpião
9	Cheia	4h56	17°00’ de Aquário
16	Minguante	2h13	23°36’ de Touro
23	Nova	3h08	0°23’ de Virgem
31	Crescente	3h26	8°07’ de Sagitário

Setembro			
Dia	**Fase**	**Horário**	**Grau**
7	Cheia	15h10	15°23’ de Peixes
14	Minguante	7h34	21°52’ de Gêmeos
21	Nova	16h55	29°05’ de Virgem
29	Crescente	20h55	7°06’ de Capricórnio

Outubro			
Dia	**Fase**	**Horário**	**Grau**
7	Cheia	0h49	14°08’ de Áries
13	Minguante	15h14	20°40’ de Câncer
21	Nova	9h26	28°22’ de Libra
29	Crescente	13h22	6°30’ de Aquário

Novembro			
Dia	**Fase**	**Horário**	**Grau**
5	Cheia	10h20	13°23’ de Touro
12	Minguante	2h29	20°05’ de Leão
20	Nova	3h48	28°12’de Escorpião
28	Crescente	4h00	6°18’ de Peixes

Dezembro			
Dia	**Fase**	**Horário**	**Grau**
4	Cheia	20h15	13°04’ de Gêmeos
11	Minguante	17h53	20°04’ de Virgem
19	Nova	22h44	28°25’ de Sagitário
27	Crescente	16h11	6°17’ de Áries

Calendário Permanente (1901 – 2092)

Tabela A - Anos

1901-2000				2001-2092			
	25	53	81		09	37	65
	26	54	82		10	38	66
	27	55	83		11	39	67
	28	56	84		12	40	68
01	29	57	85		13	41	69
02	30	58	86		14	42	70
03	31	59	87		15	43	71
04	32	60	88		16	44	72
05	33	61	89		17	45	73
06	34	62	90		18	46	74
07	35	63	91		19	47	75
08	36	64	92		20	48	76
09	37	65	93		21	49	77
10	38	66	94		22	50	78
11	39	67	95		23	51	79
12	40	68	96		24	52	80
13	41	69	97		25	53	81
14	42	70	98		26	54	82
15	43	71	99		27	55	83
16	44	72	00		28	56	84
17	45	73		01	29	57	85
18	46	74		02	30	58	86
19	47	75		03	31	59	87
20	48	76		04	32	60	88
21	49	77		05	33	61	89
22	50	78		06	34	62	90
23	51	79		07	35	63	91
24	52	80		08	36	64	92

Tabela B - Meses

J	F	M	A	M	J	J	A	S	O	N	D
4	0	0	3	5	1	3	6	2	4	0	2
5	1	1	4	6	2	4	0	3	5	1	3
6	2	2	5	0	3	5	1	4	6	2	4
0	3	4	0	2	5	0	3	6	1	4	6
2	5	5	1	3	6	1	4	0	2	5	0
3	6	6	2	4	0	2	5	1	3	6	1
4	0	0	3	5	1	3	6	2	4	0	2
5	1	2	5	0	3	5	1	4	6	2	4
0	3	3	6	1	4	6	2	5	0	3	5
1	4	4	0	2	5	0	3	6	1	4	6
2	5	5	1	3	6	1	4	0	2	5	0
3	6	0	3	5	1	3	6	2	4	0	2
5	1	1	4	6	2	4	0	3	5	1	3
6	2	2	5	0	3·	5	1	4	6	2	4
0	3	3	6	1	4	6	2	5	0	3	5
1	4	5	1	3	6	1	4	0	2	5	0
3	6	6	2	4	0	2	5	1	3	6	1
4	0	0	3	5	1	3	6	2	4	0	2
5	1	1	4	6	2	4	0	3	5	1	3
6	2	3	6	1	4	6	2	5	0	3	5
1	4	4	0	2	5	0	3	6	1	4	6
2	5	5	1	3	6	1	4	0	2	5	0
3	6	6	2	4	0	2	5	1	3	6	1
4	0	1	4	6	2	4	0	3	5	1	3
6	2	2	5	0	3	5	1	4	6	2	4
0	3	3	6	1	4	6	2	5	0	3	5
1	4	4	0	2	5	0	3	6	1	4	6
2	5	6	2	4	0	2	5	1	3	6	1

Tabela C - Dias da Semana

D	1	8	15	22	29	36
S	2	9	16	23	30	37
T	3	10	17	24	31	
Q	4	11	18	25	32	
Q	5	12	19	26	33	
S	6	13	20	27	34	
S	7	14	21	28	35	

Exemplo

É muito simples usar o calendário permanente. Vamos tomar como exemplo o dia 1º de janeiro do ano de 2025, para saber em que dia da semana começará a segunda década do século XXI.

Procure na Tabela A os últimos dois dígitos do ano 2025 (neste caso, 25) e siga essa mesma linha à direita, parando no mês de janeiro na Tabela B. (Os meses nessa tabela são indicados apenas pela primeira letra.) Ao número encontrado (neste caso, 3), adicione o número do dia em questão (1) e terá o resultado 4. Verifique na Tabela C (ao lado) em que dia da semana cai o número 4. É uma quarta-feira (indicado, na Tabela C, pela letra Q).